天野暢子
プレゼン・コンシェルジュ

手元に1冊置いておきたい

プレゼンかけこみ寺

資料作成から話し方、
トラブル対策まで即解決！

Nanaブックス

装丁／本文デザイン――井上祥邦（yockdesign）
ＤＴＰ――福原武志（エフ・クリエイト）

はじめに

「ある、ある！」現場でよく出る質問を網羅

「こんなにがんばったのに、なぜダメだったんだろう？」「完璧にやったつもりなのに何がいけなかったんだろう」。今までプレゼンをやってきて、思うような結果を得られなかった方は、どこがどう悪かったのか知りたいことでしょう。逆によかった点や評価された点も、自分ではよくわからないことがほとんどです。プレゼンで失敗した理由や成功した要因はプレゼンター本人に知らされることはなく、多くの方が毎回試行錯誤を繰り返しています。

書店のプレゼンコーナーには、人目を引く企画書のレイアウトやパワーポイントの操作方法などの本が所狭しと並んでいます。けれども「プレゼンのマナー」、つまり作法を教えてくれる本はありません。取引先はもちろんのこと、上司や先輩もなかなか教えてはくれないでしょう。そこで、その疑問に答える本書を書くことにしました。

これまで私はプレゼンする側も数えきれないほど経験しましたが、同じくらいプレゼンを受けて決定する側も経験してきました。決定権者がどこをどのように見ているのかという点も含めて、現場ですぐに役立つ実践的なノウハウをお伝えします。

図解で初心者にもやさしく

情報伝達において最も効率がよい手段はビジュアル（視覚）です。情報の55％はビジュアル（見た目）から得るという学説もあるほどです。ビジュアルは簡単であればあるほど、幼児からお年寄りまで、さらには言葉の通じない外国人であっても伝わります。そこで本書では、説明しにくい箇所にできる限り図解を入れました。

さらに、各項は短いＱ（質問）と短いＡ（回答）で構成されています。右ページのＱとＡ、図解を拾い読みするだけで、プレゼンのエッセンスを超短時間で身につけることができます。

近年私はテレビのニュース番組の仕事に携わっています。テレビは重要なポイントを瞬時に何百万人という人に伝えていく究極のプレゼンです。テレビで用いている有効な手法、特にビジュアルでアピールする方法はぜひとも皆さんにも応用していただきたいので、数多くご紹介しています。

困ったときに頼れる1冊として

本書はビジネスの現場で実際にある流れに沿ってシーン別に章立てしています。

「綴じ方」「データの保護」のような具体的な項目（見出し語）から知りたい内容にたどりつくことができるようになっています。

プレゼンの「どうしよう……」「恥ずかしくて聞けない……」といった場面で、辞書のように開いて解決していただくイメージです。プレゼンで困ったときすぐに開く「救急箱」のようにいつも手元に置いていただければ幸いです。

すべての「プレゼン」場面で生かせるルールやポイントを網羅

さて、1章は「書類提出」から始まっています。〝それはプレゼンじゃないだろう？〟と思われる方、それは大きな間違いです。ビジネスの現場で、いきなりパソコンを使って説明をさせてもらえる機会などまったくと言っていいほどありません。まずは書類提出から。そこを突破してようやく、対面で説明をする機会が与えられます。パワーポイントを使って立て板に水のごとく話すことだけがプレゼンではないのです。

プレゼンテーションを〝相手の意思決定を促す積極的な働きかけ〟というふうに定義すると、自己紹介も商談や営業、会議も、新製品発表会、入社説明会、学会発表、記者会見（建築や工場などの）、現場説明会なども、すべてが「プレゼン」です。就職活動も、ＡＯ入試も、お見合いもまた自分という商品を売り込むプレゼンです。さらには、家族に何かを買ってほしいとおねだりすることや、友人にお店を薦めて行ってもらうことなどまでもがプレゼンなのです。

このように考えると、人生すべてがプレゼンであるとおわかりいただけるでしょう。本書では私が25年もかけて試行錯誤してきた失敗例も成功例もすべてご紹介します。セミナーで、プレゼンのマナーやルール、ポイントを説明すると「振り返ってみると自分がやってきたことは間違いだらけだった」とか「そういう決まりがあるとは知らずに我流でやっていた」という声をたくさん聞きます。

これから初めてプレゼンするという方は、この本にめぐりあえたことはラッキーです。あれこれ模索することなく、最初にやり方を知って始めるのですから失敗はないはずです。

さあ、自信をもってあなたのプレゼンに挑戦してみましょう。

※プレゼンテーションは本文中すべて「プレゼン」と略して表記しています。

プレゼンかけこみ寺

Contents

第2章「対面プレゼン」編

◆準備

◆スピーチ

第3章「アフターフォロー」編

◆内容確認

◆失敗を挽回するには

◆プレゼン終了後のアクション

第1章

「書類提出」編

提出された書類は、書類作成者の手を離れて関係部署間を独り歩きします。緻密に作りこめば、口頭で説明する必要がなくなります。

プレゼンテーションと聞くと、大勢の方の前で身振り手振りを交えて流暢に説明する姿をイメージするかもしれませんが、実はいきなり説明する機会などはほとんどありません。企画の募集なら、まずは企画案の資料提出からスタートして、それが通過してはじめて説明の場が与えられます。タレントのオーディションでも、まずは応募の履歴書や写真で選考されてから、演技や歌の試験に進めるのと同じです。

Q01

作成前の確認

企画書、資料作成の前に確認することは何ですか？

プレゼンと言われても何から手をつけていいかわからず、周りに相談できる人もいません。

A 締め切り、目標、対象の属性を確認しましょう

最初に確認すべきことは提出の**締め切り**です。締め切りが数時間後なら過去の資料のリメイクで対応するしかありませんし、1日以上あれば新しくアイデアを練ったり、図解やグラフを作成したりする時間もあるでしょう。1週間以上あれば、簡単な調査をしてデータをまとめる、写真を撮影するなどの余裕も出てきます。用紙や表紙、印刷やコピーのトナーなど作成に必要なものは、メーカーや文具店が休み（夜や休日）になる前に調達しておかなければなりません。

次に、**目標＝ゴール**を確認します。今回のプレゼンの着地点は何なのか。「自分の企画が選ばれる」「自社の製品が取引先に導入される」など、場面に応じた目標があ

◉提出資料　作成前のチェック

	項目	内容
概要	・提案テーマ	・何を提案するのか？
	・提出条件	・郵送、持参、メール
	・締め切り	・「○月×日△時」に完成、出発、先方着、宅配便出しなど
	・その他	・ページ数、点数の制限、表紙や紙の材質　など
対象分析	・目的の把握 今回のゴール（～の状態にする） 最終ゴール（～の状態にする）	・今回のプレゼンテーションの目的・強調点は何か？
	・対象者の属性	・性別、年齢、肩書、知識・経験
	・対象者はどの程度プレゼンター（提出者）のことを知っているか	・面識のない相手には自己（会社）紹介が必要
	・対象者が要求しているもの、関心あるもの	・相手にとってメリットとなることは何か？
	・対象者を説得するのに、何が有効で何が不適当か	・相手は何に心を動かされるか？
	・決定権者はだれか	・提案対象者に決定権があるのか、ほかの人か？
作成準備	・必要な人員	・プランナー、オペレーターなどの確保
	・必要な機器・素材	・プリンター、製本機、紙、トナー、製本カバー

るはずです。社内と社外では説得の方法が違いますし、社外でもまったく取引のない会社に伝えるのと、すでに取引のある会社を説得するための方法とでは異なります。締め切りの「○月×日」も必着なのか、消印有効なのかなどチェックすべきポイントはたくさんあります。

そのうえで、先方から与えられた**課題**、**条件**などをよく確認します。「メールかＦＡＸで提出」「応募は官製はがきのみ」と書いてあるのに、郵送や封書で送っても失格です。

対象者の年齢、性別、地位、既有知識のレベルなど**属性**も確認しておくべき事項です。

Q02

資料作成の基本

プレゼン資料の基本的な作り方は何ですか？

プレゼン資料にはどんな種類があるのでしょうか。また、その作り方のポイントを教えてください。

A パソコン作成が基本。Ａ４でサイズの統一を

プレゼン資料といってもプロジェクターで映し出すスライド、配布資料、提出資料、スピーチの台本、掲出資料などがあります。ここでは対面プレゼンに至る前の提出資料に限定して考えてみましょう。

企画募集などで「様式自由」という場合があります。作成ツールはパワーポイントでも、ワードでもエクセルでもいいし、メールに数行の箇条書きでもＯＫです。メール応募やＷｅｂのエントリーフォームから応募するような場合や、ＣＤやＤＶＤでエントリーするような場合もありますが、提出するのはほとんどが紙の資料です。

自分がついていって説明するわけにはいかないので、提出した資料だけで判断されます。つまり、そこには**伝えたいことのすべてが集約されていなければならない**のです。「実際に会ってもっと詳しい説明を聞きたい」と思わせる魅力が入っていることも重要です。Ｑ01で考えた「何がどうなる」「何をどうしたい」「こうすればこうなる」という**着地点の目標が資料の最初に一文、もしくはビジュアル１点**で伝えられれば、長い説明が不要になります。それだけはどんな場合でも盛り込んでください。

資料はパワーポイントなどのプレゼンテーションソフトやワードなどのワープロソフトで作成しましょう。特に指定がない場合は、今はＡ判が主流ですから、**サイズはＡ判に統一**します。途中にＢ４やＢ５サイズが交じっていると、連続コピーができないので受け取った相手は取り扱いに困ります。Ａ３は大きくて見た目のインパクトはありますが、折らずに入る封筒やファイルがなかなかありません。ビジネスではファイルもバッグもＡ４サイズの資料が入るようになっているのでＡ４を選びます。

就職や転職の際には履歴書や職務経歴書を「手書き」と限定するような場合があります。これは筆跡から、丁寧／雑、几帳面／大ざっぱなどの人柄がわかるからですが、プレゼンでも、提出資料に手書きを盛り込むことが効果的なこともあります。全部が手書きでは読みづらいので、たとえば、表紙の題字やキャッチフレーズなどを筆や筆ペンで書きます。パソコン文字がほとんどの資料の中では確実に目立ちます。

Q03

ページ数

資料は何ページくらいが適当なのでしょう？

提出する資料のページ数が少ないと、ライバルと比較して評価が低くなりませんか？

A 相手に記憶されるプレゼン資料は10ページ以下です

事案によっても異なりますが、読む相手の立場になって考えると、提出資料は**数ページ（＝10ページ未満）**が好ましく、できれば**ペラ1枚（＝1ページ）**に集約されているものがベストです。書店に行けば「1枚企画書」の本もたくさん出ているくらいで、1ページが究極にまとまった資料だといえます。それは伝えたいことを凝縮してムダをそぎ落としたものだからです。表紙さえめくってもらえず読んでもらえない資料がありますが、1ページにすべてが収まっていればとりあえずはすべてが目の中に入ります。大手広告代理店など、たった1ページの企画書で巨額の費用が決まる案件は少なくありません。

私が指導した方の中には、昇進試験のプレゼンで20分の持ち時間に対して60ページのスライドを作った管理職の方がいらっしゃいましたし、「対面プレゼンで話す分数だけページを作れ」と上司から指示された人の話も聞いたことがあります。学校などに営業する場合、ぶ厚い資料を持参すると「アツイねえ、がんばってるね」とホメられることもあると聞きました。学校の先生こそ忙しい職業なのですから、数十ページに及ぶ資料を丁寧に読み込んでもらえるわけがありません。

プレゼン資料は量が多いほどよいと考えている人もいますが、それは大きな間違いです。「2日も徹夜して50ページのプレゼン資料を作った」というような話を聞くことがありますが、それは「がんばった俺ってエライ！」という自己満足にすぎません。

受け取った相手はたとえば数百、数千という数の応募資料に目を通さねばならず、資料を手にして一字一句もらさず読み進める人はまれです。せいぜいパラパラとめくって、目に留まった箇所だけを読んでみる程度でしょう。私が審査する場合は、資料の最終ページのページ番号を見て、それが数十ページにも及ぶものだとわかったら最初から読む気がせず、はじいてしまうことさえあります。

ただし、「10ページ以上、30ページ以下」というように条件が出されている場合は例外です。必ず指定されたページ数の範囲で提出しましょう。

Q04

3点に整理

伝えたいことが多すぎて、内容が絞り込めません！

伝えたい情報がたくさんありますが、どれも重要で捨てがたいので困っています。

A

伝えたい情報は必ず3点に整理して絞り込みましょう

ページ数とは別に、プレゼン資料は盛り込む情報のボリュームも重要です。「あれも言いたい、これも言いたい」と何もかも詰め込んでは、何一つ理解されない、記憶されない可能性があります。情報は整理して絞り込まなければなりません。人間が数分程度の短時間に覚えていられるのは3点までです。カメラの三脚を思い浮かべていただければわかりますが、3点あればモノは安定します。座りのよい最小の数字が「3」なのです。セールスポイントが10も20もあったのでは記憶できません。

たとえば、ある講座の受講生を紹介するとき、大学4年生、商社営業、不動産業秘書、中国人留学生、物流会社SE、短大1年生、韓国人留学生、専門学校2年生、製薬会社研究員、出版社編集がいたとしたら「学生」「会社員」「留学生」の**３つのグループに分類**することができます。「この講座は大きく分類して学生、会社員、留学生の3種類の受講生がいます。会社員の中には……」と、具体的な商社や不動産という説明を加えれば、相手の頭の中が整理されます。学生や会社員にあたる名称をグループの「ラベル」と呼びますが、これは短ければ短いほど記憶されます。「企業で働いている人など」のような長いラベルでは会社員の概念がぼやけてしまいます。

そこで皆さんが作った資料を見直してみましょう。箇条書きの段落記号や見出しに「⑤」とか「7.」などの数字は出てきませんか。4つ以上は「その他たくさん」なので記憶されません。4より大きな数が登場した時点で情報過多なので見直しが必要です。

要点を3点に分類したものを、ひと続きの文章に並べてしまっては3点であることが伝わりません。箇条書きにして行頭に「・」や「●」、①②③、（1）（2）（3）などの記号をつけて、ポイントが3点であることを明確にして目立たせます。ページを分けてもいいでしょう。その後、対面プレゼンの機会があれば「今日お伝えしたいことは3点あります。1つ目が……、2つ目は……、最後に3つ目は……」と紹介すれば、視覚（資料）と聴覚（説明）の相乗効果で、確実に要点を伝えられます。

Q05

参考資料

企画書づくりでは何を参考にすればいいですか？

初めて企画書を作るので、何をお手本にしたらいいかわかりません。

A 先輩・上司が作った資料や参考書を手本にします

企画書作成が初めてという方や初心者は、職場の先輩や上司が作ったものをまねることから始めましょう。仕事関係以外の友人や知人に見せてもらってもいいでしょう。過去に使ったものを見せてもらい、原本を傷つけないようコピーしたうえで、それを見ながら作っていきます。可能ならば、そのデータをもらって、固有名を変更したり、新規情報を追加、不要情報を削除したりして必要な企画書に変更していきます。

ただし、そういう助けの手が差しのべられない場合もたくさんあります。職場によっては企画書をまったく見たことがない方もいるかもしれません。周囲にお手本となる方がいない場合、お手本となるデータをもらえない場合でも安心してください。今あなたがこの本を手にしているように、**書店や図書館に行けば参考になる本が山ほどあります**。本によっては、ＣＤ‐ＲＯＭが付録についていて、その中のテンプレート（ひな形）に文字や数字を上書きすればいいようになっているものがあります。本の中に出版社のＷｅｂサイトのＵＲＬが記載されていて、ダウンロードして使えるテンプレートが準備されている場合もあります。

パワーポイントで作成する場合は、２００３なら画面右側に「インスタントウィザード」という機能があります。これを開くと「戦略企画の概要」「問題点の提案」「新入社員のオリエンテーション」「プロジェクトの概要」など、よくあるビジネスシーンに応じたテンプレートが用意されています。最新版の２０１０の場合もサンプルテンプレートの中に「新入社員トレーニング」「プロジェクト状況レポート」などのテンプレートがありますので、そこに文字を上書き入力していきます。

上書きを繰り返しているうちに、企画書にはこういうコンテンツ（内容）が入っているべきだということが自然と身につくはずです。かっこいいデザインが準備されていますし、上書き入力やまねで形だけは整いますが、**重要なのはどんな情報をどのように伝えるか**です。ここであなたのアイデアや情報集約力が試されるので、その構成を考えることに時間をかけましょう。

Q06

伝えるポイント

プレゼンでは、何をメインに伝えるといいですか？

相手が思わず身を乗り出すような、決定に直結する効果的なプレゼン方法を教えてください。

A

相手の心に響く「メリット」「概算費用」を明示しましょう

Ｑ01で最初に確認したプレゼンでの目標について、よく考えてみましょう。どういう要素があればあなたのプレゼン相手は心を動かし行動するのでしょうか。お得、便利、簡単などの**メリット**がなければ身を乗り出すことはないでしょう。相手は「何がどうなることを期待しているのか」を考えて要素を盛り込みます。たとえば「わが社が担当すれば、絶対に工期の遅れはありません」（建設受注のプレゼン）「バージョンアップ版を出せば、現在のユーザーの9割は継続使用が見込まれます」（新製品開発の社内プレゼン）などのメリットです。立ち止まって考えてみて、企画に入っていないなら後づけでもいいので説得材料となるメリットを加えましょう。

自分や自社にとって〝有益〟というのは、いわゆるメリットや長所だけとは限りません。「放置しておくとこんな危機が訪れる」「知らないと○万円も損をする」といった一見デメリットにも見える情報を紹介することによっても相手の注意を引くことができます。禁煙キャンペーンなどは顕著ですが、禁煙によってもたらされる利益ではなく、「吸い続けると肺がんになる可能性が非常に高くなります」といった言葉で禁煙を促しています。

次に、意思決定に不可欠なのが**費用**です。どんなにすばらしい商品やサービスを紹介しても、それが相手の予算ではまかない切れなかったらゴーサインは出ません。「初期費用50万円、月々の運用コスト１万円で、年間１５０万円の人件費削減が見込めます」というように金額が提示されていれば、検討の土俵に乗せてもらうことができます。見方を変えて、「この件に関して御社が負担する金額は発生しません」のように、いわゆるタダ＝０円も立派な費用の明示です。費用負担がないのならＯＫという案件はいくらでもありますから、タダで実現する企画ならそこを強調しましょう。

金額は、資料提出段階では総額がわかるようにします。その後、プロジェクトが進むごとに詳細な見積書の提出が求められるでしょうが、最初に相手が知りたいのは、その企画が５万円の話か、５００万円の話かなのです。

Q07

目次

分厚い資料を読みやすくする工夫は何ですか？

内容を盛り込みすぎて分厚い資料になってしまいました。全部読んでもらえないのでは……。

A

膨大な資料は目次で全体の概略を伝えましょう

　提案者が一人だけならともかく、ライバルがいると想定される場合、一字一句、丁寧に読み込んでもらえるとは考えないほうがいいでしょう。まずは、その分厚くなってしまった資料の見直しから始めます。たとえば、裏づけデータや見積金額の詳細などの参考資料です。それは最初の資料提出の段階で果たして必要なものでしょうか。対面プレゼンやもっと先の段階で必要な資料ではないですか？　そういう場合はバッサリ削除するのではなく、資料内に※などの印をつけておいて、「※1　詳細なデータがありますので、必要な場合はお渡しします」などのようにアナウンスしましょう。

　それでも、まだボリュームが減らない場合は、全部目を通してもらえるように**目次**

をつけます。この本も２００ページ以上ありますが、それをすべて読んでいただくような工夫をしてあります。まずは、全体を3章に分けてあります。章の変わり目では「扉」と呼ばれるページを挟んでいます。そこからさらに分野ごとに項目に分けてありますが、各項目にどのような内容があるということを目次で紹介してあります。**目次をつけることで全体像をつかんでもらえますし、気になる項目だけでも読んでいただくことができます。**皆さんが書店でこの本を買われるときには、パラパラと目次を流し読みされたのではないでしょうか。

それと同様のことを皆さんのプレゼン資料にも盛り込みます。30ページも50ページも似たようなページが続くのではなく、「1. イベント概要　2. スケジュール　3. 概算費用……」のように、大きな分野ごとにパートを分けて、変わり目には扉ページを挟みましょう。これはあとで対面プレゼンをするときにも、「では、ここから２のスケジュールの紹介に入っていきますが」と説明の区切りになって便利です。表紙の次には目次を入れます。書籍には表紙に「帯」と呼ばれる概要や推薦文が書かれた紙が巻かれていますが、それにあたる要旨は、目次に続く本文の最初にもってきます。キャッチコピーは書籍と同様に表紙のタイトルの近くにレイアウトすればアイキャッチになります。

Q08

発想と見せ方

コンペでほかのプレゼンターと差をつけるには？

競合他社が同テーマでプレゼンを行います。なんとか突出する秘策はありませんか？

A 「逆の発想」「高級な製本」で優位に立ちます

3社勝ち抜けで決戦投票というようなルールでもない限り、ここは1位で通過しなければなりません。その勝ち抜け方は2種類あります。「アイデア」と「見せ方」です。最初にアイデアですが、競合のなかでオリジナリティーが光っているなら選ばれるのは確実です。ではどうやって独自のアイデアを生み出すかです。まずはライバルが考えそうなこと、やりそうなことをリストアップします。たとえば「赤」と言われて何を連想しますか？　皆が思いつきそうなものとしてトマト、リンゴ、信号などが挙げられるでしょう。逆に大勢が連想しないものとして校正（校正のことを〝赤を入れる〟といいます）、共産党（赤がシンボルカラー）などのキーワードを挙げるといった具合です。

大多数がやりそうなこととは別の、もしくは反対のことを考えるとそこにまったく別の斬新なアイデアが生まれます。

次に見せ方です。資料の提出段階ですからプレゼンターの外見や話し方などでは勝負できません。すると、紙の資料で優劣がつくことになります。アイデアや金額などの内容が同等だったとしたら、別の部分で上等に見せなければなりません。たとえば紙質です。普段コピー機に入っている用紙ではなく**上質紙に印刷**する、目立たせるために**カラー専用用紙で印刷**する、などの方法があります。

綴じ方もホチキスの１カ所留めではなく、**透明の表紙をつけて製本**すると高級感がぐんと上がります。大手文具店に行けば製本キットを売っていますし、上質紙と着脱可能なカバー、自由な場所に貼ることができる名刺ポケットをセットにした「プレゼンペーパー」（エレコム社製）のような商品も市販されています。雑誌のような「中綴じ」を１部からお願いできるプリントショップもあります。

最後の仕上げは封筒です。資料を裸で渡すのではなく、折れ曲がらないようにファイルに入れるか厚紙で補強して、社名や氏名を明記した封筒で提出すれば好印象です。いずれにしても若干の費用と時間がかかりますから、利用して差をつけたい場合は余裕をもって準備してください。

Q09

最短作成方法

最短でプレゼン資料を作る方法は？

「明日までにプレゼン資料を用意して」と言われました。1日で資料を作れますか？

A テンプレートへの固有情報の入力が最短です

「明日まで」ということは「1日もある」ので落ち着いて考えましょう。まず、職場に過去に作ったプレゼン資料があるかどうかを確認します。

過去の資料があるならば、その**資料を基に直していくのが最短**です。企業ならば、取り扱うテーマ（商品やサービスなど）はそうそう変わるものではないので、提出先を「A社」から「B社」に変更すれば大丈夫なことが大半です。ただし、目視で直していくと修正漏れの可能性があります。ワードやパワーポイントで作成したものなら「置換」機能で「A社」が出てくる部分が表示されるので、確認しながら「B社」に変更できます。さらに「一括置換」機能を使えば、クリック一つで資料内の「A社」

をすべて「B社」に置き換えられます。社名などの固有名なら問題ありませんが、「しかし」などの副詞、「働く」などの動詞の場合は、前後の文脈に合わなくなることもあるので、最後に全体を確認してください。そのほかには、提出日ほかの日付、差出人、登場する企業名、製品名などの固有名を差し替える必要がないかチェックしましょう。

問題は身近に過去の資料がない場合です。パワーポイントならば、Q05で紹介したように、もともと準備されているテンプレートを使って情報を上書きするのが最短です。しかし、プレゼン内容にぴったりのストーリーはないことのほうが多いので、作成する前に、ストーリー展開、各ページで伝えるポイント、Q06で紹介した、メリットや費用など最低限入っていなければいけない要素が抜けていないかなどを確認しながら紙に下書きします。**下書き上で完璧にしてからパソコン操作に移れば**、画面上で修正する無駄な時間を省くことができます。

情報の上書きだけとはいっても、パソコンソフトに慣れていないと、機能を探すだけでも一苦労です。書店に操作方法の本を買いに行く暇さえないこともあるでしょう。そういう場合は、急場しのぎにはなりますが、内容だけは提案する自分が考えて、パソコン操作は詳しい同僚や後輩にお願いするという分業態勢で、締め切りに間に合わせます。

Q10

資料の位置

プレゼン資料の基本レイアウトを教えてください。

プレゼン資料は縦位置のものと横位置のものを見かけますが、どちらが正式なのでしょうか?

A

基本は「横位置・横書き」です

ワードは縦位置・横書きが基本、パワーポイントが横位置・横書きが基本ですが、それぞれ設定で縦位置・横位置、縦書き・横書きを変更できます。資料の位置は、割合でいくと横位置・横書きが主流です。

次によくある質問が、縦位置の資料に横位置の資料を交ぜたい、あるいはその逆です。用紙を回転させなければ紙の方向がそろいませんので、縦と横の混在は極力避けてください。どうしても合わせたい場合、**縦位置に横位置を入れるときは横資料を左に90度回転、横位置に縦位置資料を入れるなら左右どちらかに90度回転させます。**

◉資料の位置

「縦位置・横書き」に「横位置・横書き」を加える場合

※同じ資料を加える場合でも倒す向きと留める場所が異なる

「横位置・縦書き」に「縦位置・縦書き」を加える場合

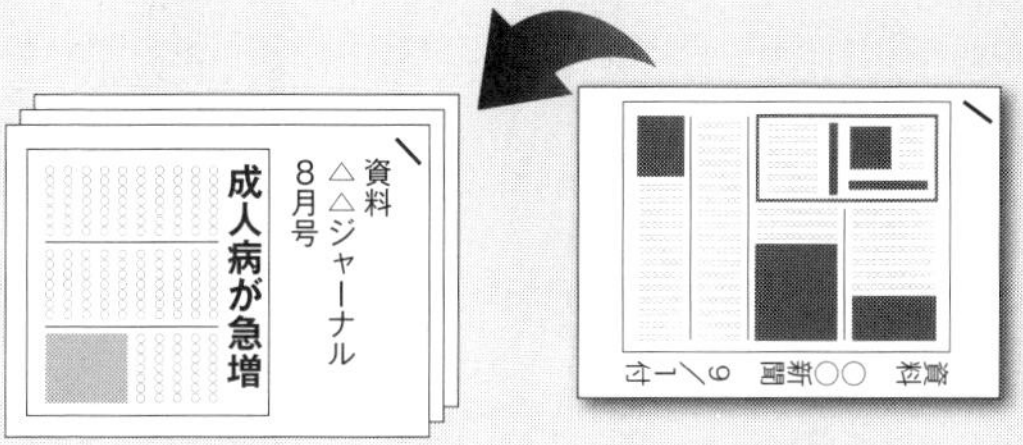

「横位置・横書き」に「縦位置・縦書き」を加える場合

Q11

綴じ方

提出資料はどのように綴じればいいですか？

提出資料の綴じ方にも、ルールがあるのでしょうか。

A 横書きは左上、縦書きは右上をホチキスで留めます

ホチキス留めの場合、横書きは左、縦書きは右です。2カ所留める場合は天地方向で上辺とセンターの中央、下辺とセンターの中央あたりを辺と平行に留めます（左の図の③）。1カ所の場合は上を斜め45度の角度です。これがわからなくなる人が多いようですが、英語の教科書は左が、国語の教科書は右が綴じられていることを思い出してください。

最近では、自動でホチキス留めできるコピー機がありますが、これの難点は辺と平行に留まってしまうことです。**45度に留めると後ろ側にピッタリめくれてスッキリします**。面倒でも手動で45度に留めていきましょう。複数ページのどこかにミスが見つ

◉ホチキスの留め方

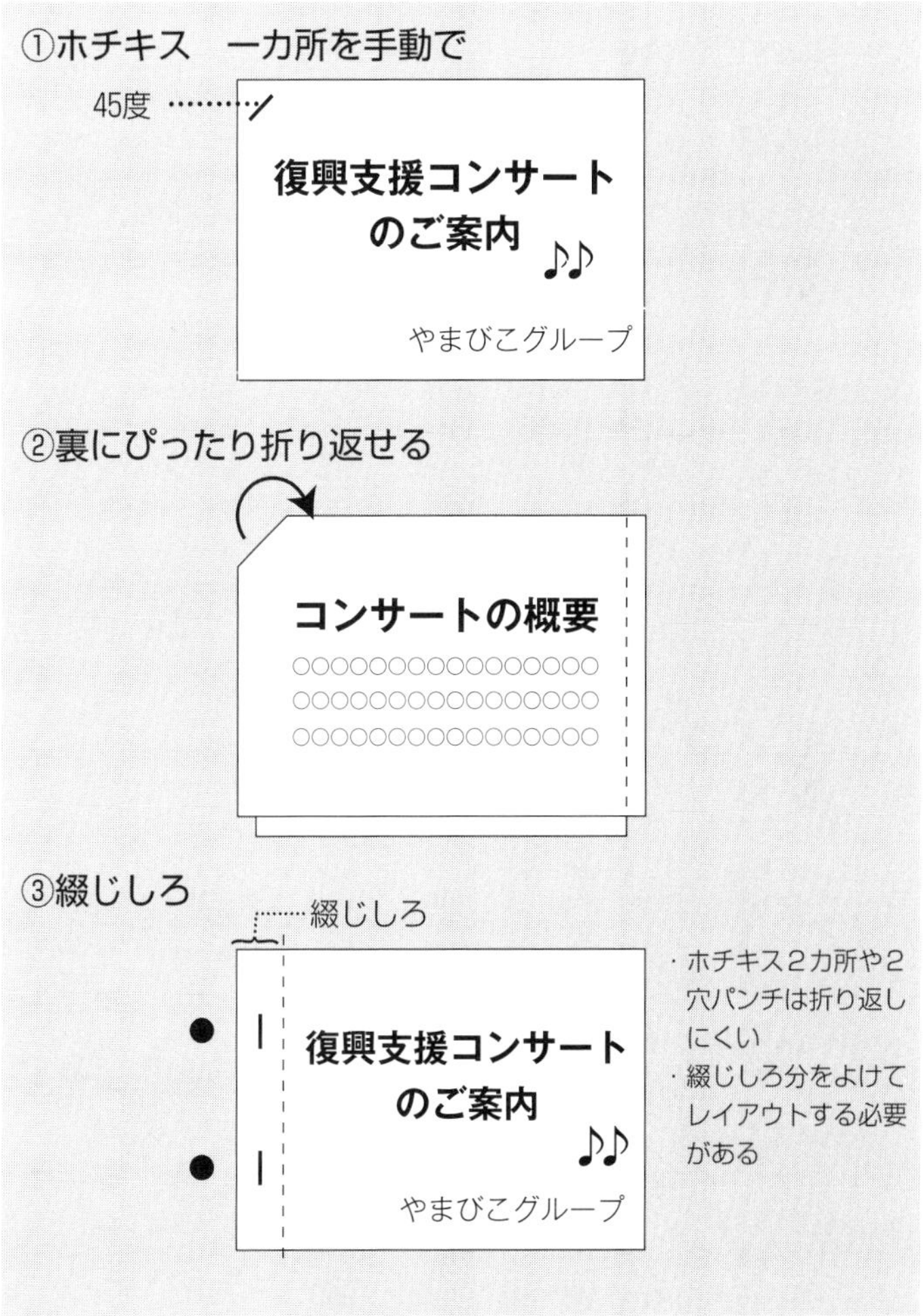
①ホチキス　一カ所を手動で
45度
復興支援コンサートのご案内
やまびこグループ
②裏にぴったり折り返せる
コンサートの概要
○○○○○○○○○○○○○○○○
○○○○○○○○○○○○○○○○
○○○○○○○○○○○○○○○○
③綴じしろ
綴じしろ
復興支援コンサートのご案内
やまびこグループ
・ホチキス２カ所や２穴パンチは折り返しにくい
・綴じしろ分をよけてレイアウトする必要がある

かって差し替えるような場合でも、手動なら確認しながらページを抜いたり差し込んで留めたりできます。

見栄えを高級に仕上げるなら製本カバーです。表紙に透明フィルムをのせて背を製本テープでくるむのが基本ですが、面倒なのでフィルムとテープが一体化した製本カバーも市販されています。熱加工して背を固めてしまうタイプもあります。いずれも1部あたり数十円から百円程度です。そんな金額でプレゼンが成功するなら安いものでしょう。「ここぞ！」というときには、ぜひ試してみてください。プリントショップでは本格的な製本も1部から依頼できます。

契約書などは改ざんできないように背を袋綴じにして割り印を押したりしますが、通常の資料は提出後に先方でコピーされることを考慮しなければなりません。ガチガチに製本されたものをコピーのために解体するのはひと苦労です。通常は言われた部数だけ製本して提出しますが、**綴じずにクリップ留めしたものをクリアファイルに入れて渡す**のは受け取る側にはありがたい心配りです。

また、見栄えと受け取った相手の手間の問題を解決するのが着脱可能な製本カバー（左の写真）です。ファイル式で中の資料を出し入れできるとともに、表紙は透明というものです。こちらも大手文具店などで市販されています。

◉着脱可能な製本カバー

参考：プレゼンペーパー　URL：http://www2.elecom.co.jp/paper/presentation/ejk-spp50/ ©ELECOM

Q12

文章の伝え方

相手に伝わる文章の書き方は？

文章を書くことが苦手です。どうすれば、プレゼン内容が伝わる文章が書けますか？

A 「何が」「どうした」の2文節の短文を考えましょう

プレゼン資料では小説のように美しく長い文章を書く必要はありません。「このサービスは安い」「使えばトラブルが解消できる」程度の短文でいいのです。箇条書きの文と考えてもよいでしょう。「文章を書く」というより「標語を書く」つもりで考えてみましょう。資料には図やグラフ、写真を使ってもいいのですから、これらのビジュアルのそばに短文をレイアウトすれば、伝えたいことは十分に伝わります。文章に困ったら、このページで伝えたいことは、「何が」＋「どうした（どうなる）」「どのような」＋「何」のように、**文節を2つだけ使った文を考えてみましょう。**「作業時間が」＋「短縮できる」「プリンのような」＋「お豆腐」といった具合です。これくらいなら文章作成といって身構えることもありません。

皆さんは悪戦苦闘してだらだらとした文章を書いているのかもしれませんが、長い文章は強制的に短文に分割できます。長い文章を見直してみましょう。そこには「そして」「さらに」「また」「および」などの言葉が入っていないでしょうか。これらが文章を長く、難解にしてしまう根源「接続詞」です。まずは**接続詞をすべて取り除きます**。そのうえで文字の前に「・」「◆」「①」「※」などの行頭記号をつければ箇条書きに変身です。

突き詰めれば文章は書かなくてもいいくらいです。たとえば、「従来品の半分のカロリーで、腹持ちもよく、さらに値段も２割安くなったダイエットクッキー」を紹介するならば、「カロリー１／２」「満腹感」「値下げ」というキーワードさえつかめていれば問題ありません。クッキーの写真のそばに３つのキーワードをレイアウトすれば長い文章よりはるかに伝わります。

今はやりのツイッターは１回の投稿が１４０字までという制限があるため、利用者は短い文章でうまく表現しています。まずはよくまとまっている人、じょうずだなと思う人のつぶやきのまねから始めて、あいた時間に挑戦してみましょう。１４０字の制限があなたの文章をコンパクトでわかりやすい文章に鍛え直してくれます。

Q13

わかりやすさ

資料の内容を変えずにわかりやすい表現にするには?

「内容がわかりにくい」と言われました。理解しやすい資料づくりのポイントは?

A 情報整理と紙面レイアウトの工夫でスッキリさせましょう

「わかりにくい」にもいろんな解釈があります。①さまざまな情報がランダムに詰め込まれている　②読み手が知らない用語がたくさん出てくる　③文字がぎっしりつまっていて（＝長文）読み進むのがつらい……など。

まず①のパターンから解決策を考えてみましょう。情報がごちゃごちゃなのであれば整理が必要です。学園祭の模擬店で作るメニューの提案というときに、ジュース、うどん、お好み焼き、おにぎり、焼きそば、おでん……と紹介したのでは「わかりにくい」と言われても仕方ありません。「鍋を使うメニュー」としてうどん、おでん、「鉄板を使うメニュー」としてお好み焼き、焼きそば、「電源が必要なメニュー」としておにぎり、ジュースのように情報を整理して伝えましょう。

②のように、専門用語などを知らない相手にぶつけては、最初から最後まで何も理解されないままプレゼンが終わってしまいます。たとえば小学生に対して官庁用語、中高年に対して若者言葉、患者に対して医学用語などです。資料の中で使われている言葉は相手に通じるのか、もう一度考える必要があります。自分で判断できない場合は受け手に近い対象に目を通してもらいます。中高年であれば、上司や両親、祖父母などに読んでもらうのです。「この言葉とあの言葉がわからない」と指摘を受けたら、別の言葉を探して置き換えましょう。

③の場合はQ12の要領で長文を短文にするほか、**段落と段落の間に空白行を入れて**も、「ここから話題が変わりますよ」と知らせることができるので読み手にとって親切です。文字サイズや字間を調整して**ページの上下左右に余白をとる**ことでもスッキリとした印象を与えられます。

そして最後に、伝えたい情報を文章（＝文字）だけで伝えようとしないことも重要です。資料には、表も使えます。グラフも入れることができます。図解、イラスト、写真なども使ってよいのです。これらのビジュアルを挿入すれば文章による説明は相当減るので、相手の理解は格段に深まるはずです。

Q14

タイトル

「読みたい」と思わせる資料づくりのコツは?

数多く提出されるプレゼン資料の中で、相手に「読んでみよう」と思わせるには?

A

1行読めば相手が「お得」と感じるタイトルをつけます

資料を受け取った相手が最初に目にするのは表紙や冒頭のタイトルです。全体を一言で言い表すタイトルを考えます。タイトル1行で、プレゼン資料にどんなことが書いてあるかがわかればページを読み進めてもらえます。**相手の問題解決や利益につながるような言葉を選び出す**ことがポイントです。

●**お得**（安さ）：個人であれ、法人であれ「安さ」には興味があります。特に、最近ではほとんどの企業で経費削減が課題になっていますので、経費が下がると聞けば注目されます。

例：「出張のための格安パック」「小売店の半額で提供する包装紙」「総務部コスト

が３割下がる」「払いすぎてきた保険料が下がる」

●**問題解決**：悩みや問題点を抱える人は効果がありそうな話題に食いついてきます。

例：「人手不足を解消する新システム」「パートさんでも使いこなせる経理ソフト」「花粉のお悩みを解決するエアコン」「らくらく害虫退治」

●**限定**：限定されたものだと知ると、見たい、食べたい、ほしいとなるのが人間です。

例：「日本で当店でしか受けられないエステ」「１日限定20個だけのシュークリーム」「○○産業グループの従業員さま限定セール」「夕方２時間だけのタイムセール」

●**人気**：すでに注目されているものだと伝えることで目を留まらせます。

例：「テレビでも取り上げられた輪島塗り」「パリジェンヌの間で大流行の携帯」「２時間待ちでも食べたい餃子」

●**季節**：季節の風物詩や記念の年を持ち出して興味を引き出します。

例：「一度きりの12年12月12日にワンツー挙式」「ハロウィーンのスペシャルスイーツ」「新学期特別講座」「創業20周年ポイント２倍祭り」

商品やサービスを含んだタイトルをご紹介しましたが、実際に表紙を作成するときはこれらの言葉の後ろに「○○○のご提案」「△△△のご紹介」「□□□のご案内」などの言葉を補い、提案させていただくという謙虚な姿勢をタイトルで伝えましょう。

Q15

コピーライト

資料を無断使用されないための防止策は？

プレゼンした案を先方が断りなく流用していました。無断使用を防ぐ方法を教えてください。

A コピーライト表記を入れて権利を主張します

残念ながら、競合という形をとって多くの案を募り、よいアイデアだけ盗んでおいて、実施は一番安い会社に発注というようなケースがあると聞きます。いろいろな方策を講じても、やる人はやりますが、最低限の警鐘を鳴らす方法があります。

資料の中に「部外秘」「コピー厳禁」「機密資料」などの文言を入れておくのです。英語では「confidential」。それでも部外への公表禁止ということを示すだけで、その案を考え、作ったのはだれかという帰属を明らかにすることにはなりません。

そこで資料の中に盛り込むのが「コピーライト表記」です。コピーライトとは著作権のことです。皆さんの資料は、作った時点で役所などに届け出なくても著作権が発生します。何人たりとも無断で使用することはできません。一般的なのは「Copyright（作成年）（社名か個人名）All Rights Reserved.」です。つまり「Copyright 2011 Nana Corporate Communication All Rights Reserved.」となります。社名には株式会社を表す「Co., Ltd.」や有限会社を表す「Ltd.」を加えることもあります。Rights 最後の「s」や Reserved 後の「.」も必要ですので注意しましょう。©は Copyright の意味です。「©2011 ePresen」のように簡略化しても著作権は守られます。大手企業のホームページは一番下に必ずコピーライト表記が出ているので、各社のものを参考にしてください。

肝心なのは**アルファベット表記にする**ことです。商品を発売したと同時に海賊版が出回るアジア諸国などでは、日本語で表示しても通じません。同様に年数も和暦の平成23年は通じませんので、外国にもしっかりアピールするためには西暦で２０１１と表示します。

表紙だけの権利が守られても仕方ないので、表記は全ページに表示します。ワードやパワーポイントで作成する場合はフッター部分に入れれば全ページに表示されますので、こちらに「コピー厳禁」などの警告を表示するのも効果的です。

Q16

注目フレーズ

相手の目を引く言葉の生み出し方は？

文章が凡庸になりがちで、つかみになるような気の利いた言葉が思いつきません。

A 短い言葉と数字をトッピングして具体的な文章にしましょう

文章のプロでもない人が、目を引くキャッチフレーズのように気の利いた言葉が浮かばないのは当たり前です。特に時間のない場合、そこに時間を割いていてはほかの仕事が進みません。それを解決するのが①**文章を装飾する短いトッピング・ワード**と②**数字**です。

トッピング・ワードとは、「緊急、速報、必見、ホント？ 直撃、入荷3カ月待ち、特価」などの短い言葉をもとの文章に添えるのです。

「**緊急** マンション修繕準備金に関する会合」「**速報** 平成23年 有名中学校合格結果」「**必見！** 相続税の減らし方」「**ホント？** 全員タダで社員旅行に行く方法」「**直撃！** 高

齢者向け高級マンションの住み心地」「**入荷3カ月待ち** デコレート・スマートフォン」「**特価** 年度末の棚卸しセール」などのようになります。ただの表題ですが、トッピング・ワードを加えるだけでいきなりイキイキと躍動的になってきます。

これらのトッピング・ワードは「1行上にレイアウトする」「フキダシの中に入れる」「文章の脇に斜めやタテに表示」など目立つように見せます。フォントや色を変えてもアイキャッチになるでしょう。トッピング・ワードは日ごろからチラシや新聞などを眺めながら集めましょう。中でも、新聞のテレビ欄の番組紹介はトッピング・ワードの宝庫です。困ったらまずはテレビ欄を探してみることをお勧めします。

次にご紹介するのは、今日からすぐ使える数字を使ったテクニックです。

「これはすばらしい鍋です」「私のブログは結構人気があります」というような文章に数字が入ると……。

「これは煮込み時間が**10分**も短縮できるすばらしい鍋です」「私が書いているのは1日あたり**1万ページビュー**もアクセスのある人気ブログです」という文章に変身します。どんな物事も何かしらの数字で表現できる要素があるはずです。たとえば1部屋も売れていないマンションであっても「今、ご契約いただければお客様が**1番目**の入居者です」という言い方もできるのです。

Q17

小見出し

長くなりすぎた文章を整理するには?

一つの文章が長くなりすぎて、自分でも何が趣旨かわからなくなってしまいました。

A

短文に分割して小見出しをつけます

長い文章はハサミやカッターで切ればスッキリするというものではありません。伝わるように〝見せる〟必要があります。

就職活動中の大学生は、エントリーシートがぎっしりと文字で埋まりがちです。

「私の長所は几帳面なところです。夜寝る前には翌朝身につけるものをすべて並べておかないと気がすみません。祖父から習って米粒大の折り鶴が折れるので手先が器用な一面もあると友達は言います。待ち合わせには必ず5分前に着くようにしているので時間を守ることにも自信があります」

こういう文章が、長くなって何が趣旨かわからない典型です。

これを読みやすく改造するには、まず短文に分割した上で小見出しをつけましょう。

【私の長所】

●几帳面

夜寝る前には翌朝身につけるものすべてを並べておきます。

●手先が器用

祖父に習って米粒大の折り鶴を折ることができます。

●時間を守る

学校でも友達との待ち合わせでも必ず5分前に着くようにしています。

小見出しをつければ、それを拾い読みするだけで、その先の文章は読まなくても、〝この人の長所は「几帳面」「手先が器用」「時間を守る」〟なのだなと理解できます。

小見出しは目立つよう太いゴシック体にするほか、行頭記号をつけてアイキャッチとし、行間を空けて3点が独立して読めるようにします。プレゼン資料は作文や小論文ではないので、記号を使ったり、行間を空けたりしても問題ありません。相手が読みやすい文章にするために、小見出し、行頭記号や行間をフル活用しましょう。

Q18

誤字・脱字

資料の誤字・脱字を防ぐには？

取引先から資料の誤字・脱字を指摘されました。こうしたミスの防止法を教えてください。

A 「校正機能」と「人間の目視」でダブルチェックします

パソコンのキーボードをたたけばそれらしき文章ができ上がりますが、ここに落とし穴があります。手書きなら「この字ヘンだな」と気づいても、キレイに印字された文字列では間違いに気づけないのです。特に、「センセイ」と入力したら先生、専政、宣誓、先制などさまざまな漢字に変換されてしまう**同音異義語**が一番やっかいです。

ミスを防ぐために、ワードやパワーポイントの校正機能を活用しましょう。「私はが日本人です」という文章を入力したなら、〝「は」か「が」のいずれかではありませんか？〟という警告としてミスの箇所に赤い波線が表示されます。「カスタマーサービス」と「カスタマー・サービス」のように文中に「・」が入った箇所と入っていない箇所が含まれている場合にも波線が出ます。これは「表記のゆれ」といいます。英文のスペルに誤りがあった場合も波線が出るようになっています。波線が表示されたら何が間違っているのかを確認して修正し、データの中に波線が出ない状態にします。

間違いのほとんどは入力ミスか変換ミスなので、それを防ぐために、ATOKやMS-IMEなどの日本語入力システムで**よく使う単語を登録しておく**という方法もあります。自社の社名や製品名が間違っていてはお話になりません。「さいとう」で「斎藤佑樹」、「いー」で「イー・プレゼン」など。紛らわしい「斎・齋・斉・齊」、途中に「・」が入る、入らないなどの入力ミスの問題はこれで解決します。

システムに依存した方法もある程度は有効ですが、最終的には人間の目で確認します。資料は**作成者以外のだれかに目を通してもらうことが原則**です。特別な専門家である必要はありません。上司、先輩、同僚でかまいません。各人が見ている箇所は異なるものです。作成者が文字ばかりに気をとられていたら、別の人が数字のケタ間違いに気づくようなこともよくあります。

問題は確認する人が正と誤を正しく知っているかにかかっています。たとえば「体制」「態勢」「体勢」の使い分けを知らない人は、その間違いに気づくことはないので、なるべく経験豊富な人にチェックをお願いしましょう。

企画構成
文章
図解
提出方法
準備
スピーチ
PC操作
プレゼンツール
マナー心構え
内容確認
失敗を挽回
プレゼン終了後

Q19

主題・結論

趣旨が伝わる資料構成にするには?

「そもそも何を言いたい資料なの?」と言われました。文意が伝わる構成を教えてください。

A プレゼンでは最初に結論や概要、ポイントを伝えます

〝言いたいこと〟とは主題、結論のことですね。おそらく資料の作り始めにはそれを意識していたはずですが、入れ忘れたか、資料の最後のほうに記載したため、先方の目に留まらなかったのではないでしょうか。

当然、「無線レンタルなら格安で全国どこでも連絡がつく（ので導入してください）」や「私はアメリカで最前線の看護を学んでこの病院に生かす（ので留学に行かせてください）」などの結論は皆さんお持ちですね。それがわかっているなら最初に伝えましょう。資料の表紙には「全国と連絡がつく格安レンタル無線のご紹介」のように直接的なタイトルを入れます。〝これから紹介するのは会社が得する格安のレンタル無線ですよ"と明言しておいてから、市場背景やシステムの概要、利用料金などを詳しく紹介していけばいいのです。

小学校では〝作文は起承転結で書くように〟と習いますが、結論を最後にもってきたのでは、そこに至るまで相手は何がどうなる話なのかわからずにつき合わされることになります。推理小説なら最後の最後まで犯人を隠しておく必要がありますが、プレゼンの場合は「犯人は被害者の夫です」と最重要ポイントを最初に伝えていいのです。逆に、犯人を紹介しておいてから、謎解きに入るのがプレゼンの特徴です。

プレゼンは相手が最後まで集中して資料を読んだり話を聞いてくれるとは限りません。いつ相手の集中が途切れてもいいように**重要なことを冒頭で**伝え、中盤で内容をふくらませ、後半にいくほど省略しても問題ない内容をもってきます。

これは対面プレゼンでもまったく同じ流れになります。「今日これからご紹介するのは、月々利用料が５千円で全国どこでも連絡がつくレンタル無線 ○○-×です。最初に10分ほど機能をご説明して、後半10分はペアを組んで実際に使ってみていただきます」というように宣言すれば、主題もわかり、全体の長さも伝わるので、相手は不安なく聞く態勢に入ることができます。「伝える」側と「受ける」側の良好な関係が構築されるのです。

Q20

5W1H

提案者の意図が伝わりやすい文章を書くには?

「内容が具体的ではない」と言われました。具体性のある文章を書く方法はありますか?

A 5W1Hがすべて盛り込まれているかチェックします

「具体的ではない」と言われたならば、具体的な文章に変えていきましょう。

ここでは新聞記事を書くときの基本、「5W1H」で考えます。5W1Hとは、Who（だれが）What（何を）When（いつ）Where（どこで）Why（なぜ）How（どのように）したのか、を指します。例として、難病乳児の海外手術支援のためのチャリティー・コンサートを行うために、鈴木さんが市民ホールを借りたいと市役所に提案するというケースで考えてみましょう。

Who は提案者の鈴木さん個人なのか、鈴木さんが代表を務める団体なのか

What はチャリティー・コンサート

When は希望が通るかどうかは別として、○月○日（曜日）・時間（午前・午後・夜）を明確にする
Where は市民ホールのうち、大ホール、小ホール、会議室などを特定する
Why は難病乳児の手術費を集めるため
How は、出演者・グループのほか、チケットを販売してその何割を寄付するのか、それとも無料で、募金箱に集まった金額を寄付するのか……等々。

ここにはすべて固有名や数字を入れます。日時、チケット代、収容人数に対して集客見込み人数や、目標金額も必要です。ポスターを作ったり、照明や音響を使ったりすると集まった金額すべてを寄付には回せません。市側の負担や収益なども明示します。ここまでがそろって、やっと検討の土俵に乗る具体的な内容になります。この提案を通すには、５Ｗ１Ｈ以外に難病の度合いや手術費用など裏づけデータも必要です。

別の例でも考えてみましょう。ＩＴ系企業やマスコミに多いのが横文字言葉の多用です。「このシステムのアーキテクチャはＣＲＭ志向で、パーソナライズが特徴です」と言われたのでは、業界に詳しくない人は煙に巻かれてしまいます。日本国内での日本人に向けたプレゼンなら「このシステムの構造は顧客管理を重視して、個別のお客さまに最適な環境を提供するのが特徴です」と日本語で紹介すればいいのです。

Q21

文体

プレゼン資料にふさわしい文体は？

プレゼン資料の文章では、「ですます調」「である調」のどちらがよいでしょう？

A 「ですます調」で好印象を与えます

文末が「です・ます」で終わるものを敬体、「だ・である」で終わるものを常体と呼びます。新聞記事や学術論文などは常体がほとんどですが、皆さんが日常話すのは敬体ですね。常体は相手に上からものを言うような尊大な印象を与えてしまいます。プレゼンは取引先や顧客、目上の方といった、いわば〝お客さま〟に提案させていただくものです。「いい話があるから、教えてやる」というスタンスで行うものではありませんから、プレゼンは資料も説明も敬体で進めるべきです。

ただし、資料の中で「就職氷河期が続いたので、今年は大量採用するつもりです」「最善を尽くしましたけれども、被害の拡大は食い止められませんでした」のように、会話と同じ文章を書き連ねると、だらだらした印象を与えてしまいます。

そんなときに使いたいのが**体言止め**です。挙げた例文は「過去の採用控えをふまえた大量採用」「食い止められなかった被害の拡大」のように書き換えられます。プレゼンのタイトルや見出しも体言止めになっているはずです。もっと追求するなら、図解するには「人材」「資材」「資金」のような単語を図表などと一緒にレイアウトするだけで十分に伝わります。

「提案相手のことを文中でどのように表記すればいいでしょうか」というのもよく受ける質問です。たとえば本書の発行元はナナ・コーポレート・コミュニケーションと非常に長い社名です。本来であれば、敬意を払って「ナナ・コーポレート・コミュニケーション様」と表記すべきですが、文中や図解のすべてに出てきたのでは文字が増える一方です。そこで最初に1回正式社名を出し、（以下、NCC）のようにお断りを入れます。契約書でも長い社名を（以下、甲）、（以下、乙）と略すので失礼にはあたりません。資料の冒頭でも「**文中、敬称略**」と目立つように入れておきましょう。

対面プレゼンの段階に進んだ場合も正式社名を連呼するのではなく、先方のことは「御社（おんしゃ）」、自社のことは「弊社（へいしゃ）」と言えば、口から出る言葉の文字数を削減できます。

Q22

テンプレート

テンプレートはどう活用すればいいのですか？

プレゼン資料における「テンプレート」の意味や役割を教えてください。

A 時間短縮とブランディングのために活用します

テンプレートとは、用途に応じた定型書式のことです。手紙に招待状、詫び状などの書式があるように、ビジネス文書では、社内文書として議事録、届出書など、社外文書として採用通知、依頼書などの決まった書式があります。同じくプレゼンテーションソフトでは、プロジェクト説明、企画提案、従業員教育などの基本的なスタイルが準備されています。

プレゼン資料ではもっと細かな決めごとがあって、表紙や本文の背景やデザイン、全体のカラー・コーディネーション、タイトルと本文のフォント、会社のロゴやキャッチフレーズ、ノンブル（ページ番号）、コピーライト表記など、すべてのパーツに

◉カスタムテンプレートの例

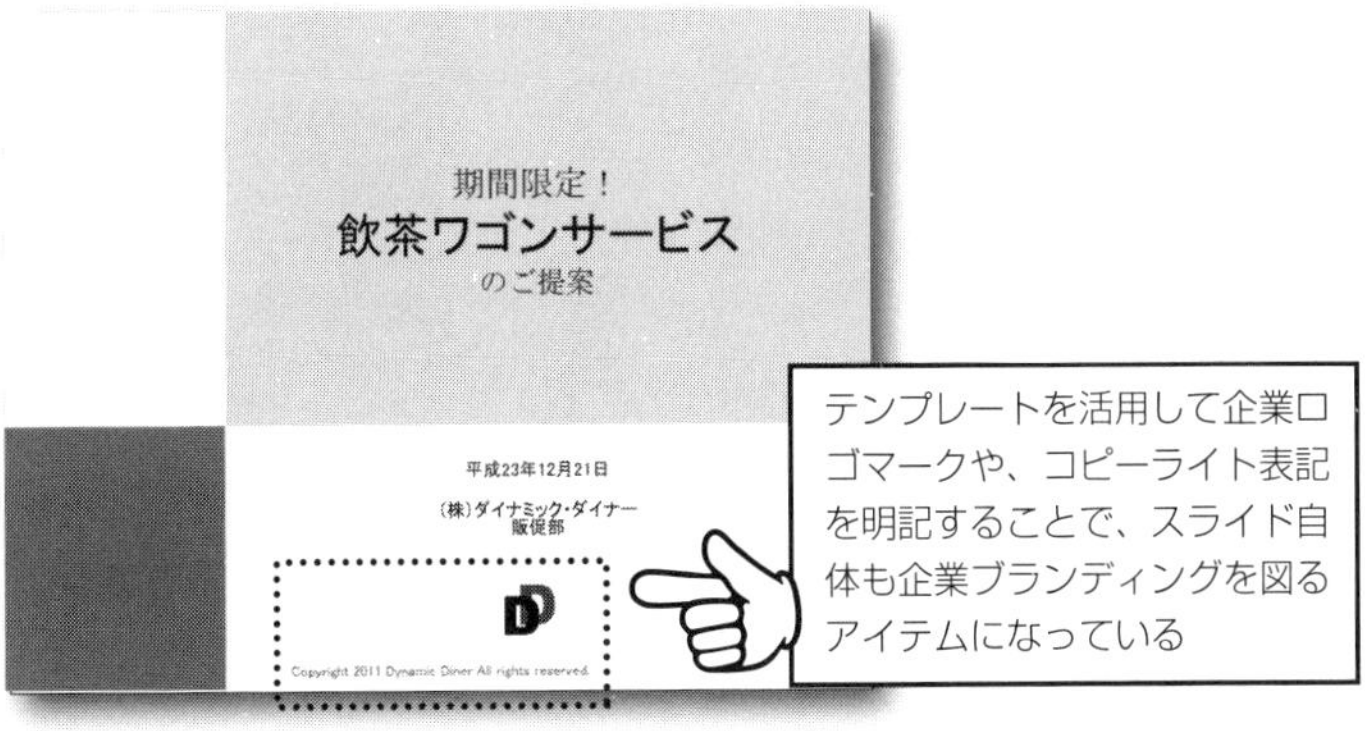

対して色、サイズ、位置を決めたもののことを指します。パワーポイントにはさまざまなビジネスシーンに応じたデザイン・テンプレートが準備されています。ただし、これはほかの人が使う可能性もあるので、大手企業などでは独自にデザイン、設定したものを準備し、特に社外に出ていくものはすべてそのテンプレートを使用して、**企業のブランディング**を図っています。外資系企業で私が設定したことがあるのは、①日本語・社外用、②日本語・社内用、③英語・社外用、④英語・社内用の4種類です。その会社では、社長であろうとアルバイトであろうと、この4種類のテンプレート以外ではプレゼン資料作成禁止というルールを作って運用されました。それくらい、大切に使っていくものなのです。

Q23

ビジュアル

見やすい資料を作るには？

図やグラフを使って視覚的に訴えられる資料はどうすれば作れますか？

A 文章だけの資料にビジュアルを入れて〝見せ〟ます

企画書はもちろん、就職の応募資料や環境保護のためのアイデア募集でも、文字しか使ってはいけないという制限はありません。視覚に訴えるものを入れていきましょう。象を知らない人に「4本足で、鼻が長くて、耳が大きくて、灰色で、体が大きな動物」と説明してもどんな生き物なのかイメージできませんが、象の写真を見せれば説明は不要です。

好意的な方ならば、文字がぎっしり詰まった資料の中のページを行き来して理解しようとしてくださるかもしれません。しかし、そういう努力をしてくださる方はまれです。まさか文字と文章だけで説得しようとしていませんか？

◉表に整理すると理解しやすい

アカモン・インテグレーションの沿革

年	月	できごと	備考
1990	6	東京大学のサークルとして発足	3人でスタート
1992	9	法人化。事務所を本郷に構える	有限会社
国際ロボットコンテストで銀賞入賞。各国から注目を集める			
2000	1	株式会社化。本社を虎ノ門に移転	
2006	12	アメリカ工場開設	スタッフ30人

「年」「月」「できごと」「備考」などの項目によって、それぞれの情報が区分されている

そこで、理解を早めるために可能な限り、文章は表やグラフなどに置き換えます。

●表

たとえば会社の沿革なども〝○年△月　何が起こった〟という記述が何十行も書きつらねてあったのでは読むのが大変です。これなどは上に年、月、できごとなどの項目を並べ、上から下に過去から現在の行をレイアウトすることで表組みに整理できます。〝2000年代に入ってからのことが知りたい〟と思えばすぐにその年数のあたりを探せます。

●グラフ

表に入った情報に数字が含まれる場合は、グラフに加工することができます。ここ10年の部署の売上高と利益の表ならば、棒グラフや折れ線グラフにすることができます。男性120人、女性80人という表ならば、円グラフに置き換えることで男女比を一瞬にして視覚で伝えることができます。

いずれもパワーポイントのほか、ワードやエクセルでも、使いたい表やグラフの種類を選んでデータを入力するだけで簡単にできあがります。本文で触れたり口頭説明をしたりするときのために、「図1」「グラフ2」と名前をつけておくと便利です。**資料1ページの中に文字以外の要素を必ず入れる**というつもりで取り組みましょう。

◉グラフにすると一瞬で理解できる

グラフ1　開発2部10年間の売り上げ、利益推移

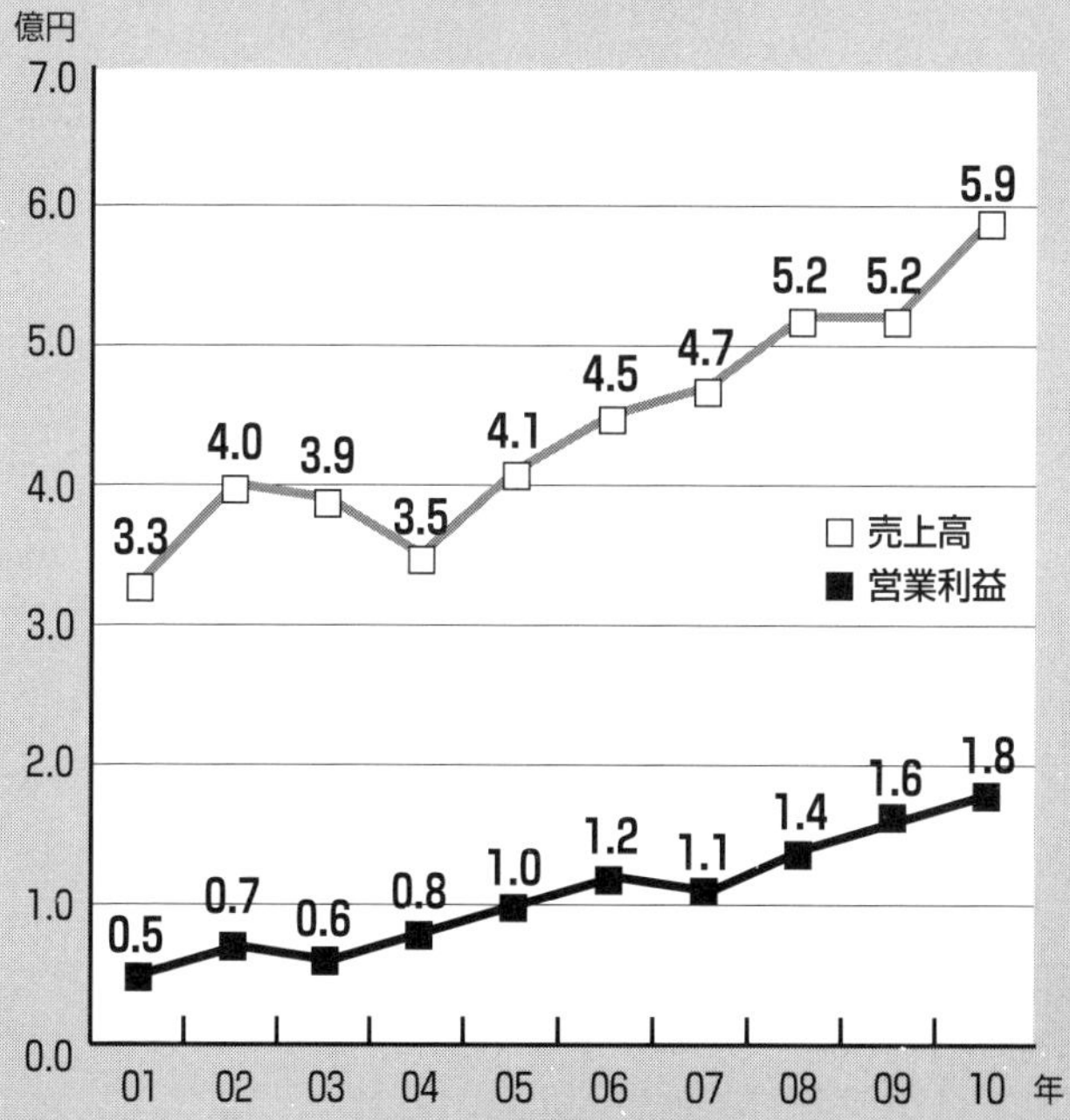

グラフ1

「売上高」「営業利益」と２つの折れ線グラフによって、利益推移を見やすく加工している

Q24

図解で情報伝達

幅広い年齢層に同じ情報を伝える方法は？

子どもからお年寄りまでが対象のプレゼンで、同じことを伝えるための方法はありますか？

A

標識のように簡単な絵で図解して伝えます

どんな人にでも伝わるように工夫されたものがあります。標識やピクトグラムと呼ばれる絵記号です。海外に行ったことがある方は経験があると思いますが、どこの国に行っても、男性用・女性用の区別を含めてトイレのマークは見つけられたはずです。空港利用者すべてに必要な情報ですから、だれにでもわかるような絵で表現してあるのです。「横断禁止」や「立ち入り禁止」などの警告は幼児でも外国人でもわかるようにしなければ非常に危険です。**必ず伝えなくてはいけない情報は図で示す**のです。

これをプレゼン資料にも応用しましょう。

「テーブル・フォー・ツー」という、開発途上国の子どもたちに給食を届ける活動があります。社員食堂や学生食堂などでカロリー控え目な食事を1食とるごとに、20円が寄付され、その20円で途上国の子どもが給食を1食食べられるというものです。これを一目で伝わるようにするなら、左に定食のイラスト、右側に矢印を引きその上に20円、右側には子どもとパンと牛乳のイラストを描きます。

２０１１年の東北地方太平洋沖大震災に際して、節約、節電の運動が呼びかけられていますが、そこでもパン1斤で1家族が食事できるとして食パンの絵と家の絵が、お米5キログラムでおにぎり１２０人分としてお米の袋の絵とおにぎりの絵が掲示してありました。

「飲食禁止」を警告したいならサンドイッチとストロー付きドリンクのイラストの上に禁止を意味する「×」や「／」の線をかけ合わせることなどでも、飲食禁止の標識を自作できます。日本の標識でもよく見かける斜め線ですが、これは「ＮＯ」のＮの字の斜め線ですので、左上から右下に引きます。これらは既存のイラストに「○」や「／」をかけ合わせて自作してもいいですし、一から作成することもできます。

難しく考えないで○、△、□、直線の組み合わせで十分です。ポイントは「図形のふちどりのけい線を外す」「線を太くする」「角に丸みをもたせる」などです。これらに注意して作成すると標識のように見えます。

テーブル・フォー・ツー

左側に食事を皿と食器で、右側に給食をとる人の姿をイラストで、それぞれわかりやすくデフォルメして表現している

飲食禁止

丸に斜め線の禁止マークを食べ物のイラストの上にかぶせることで、だれにでも「飲食禁止」のメッセージを伝えられる

◉標識にすればだれにでも伝えられる

東北地方太平洋沖地震ポスター

（出典　http://stam-design-stam.blogspot.com/2011/03/7.html）

トイレットペーパー、ガソリン、食パン、乾電池などがアイコン化され、節約や節電への具体的なメッセージとなっている。情報やデータなどをすばやく簡単に、かつ視覚的に伝達したい場合に用いられるこうした手法を「インフォグラフィック」と呼ぶ

Q25

イラスト

資料に簡単にイラストを載せる方法は？

自分では資料用のイラストが描けません。イラストの簡単な利用方法を教えてください。

A 無料のイラスト「クリップアート」を活用します

資料をパソコンで作成するなら、ウィンドウズの「クリップアート」機能を使うのが最も手軽です。キーワードで検索して希望のイラストを探します。「クリップオーガナイザ」の「Office コレクション」には科学、健康、食事、植物などのフォルダがあるのでそこを探しても見つかります。

ただし、そのフォルダに入っているものはごくわずかなので、皆さんがイメージするイラストはないかもしれません。そういう場合は「クリップオンライン」から「office.com」でWebサイトにアクセスして、気に入ったものをダウンロードして使います。画像タブに動物、ビジネス、自然などの分類があるのでそこを探してもいいですし、

企画構成
文章
図解
提出方法
準備
スピーチ
PC操作
プレゼンツール
マナー心構え
内容確認
失敗を挽回
プレゼン終了後

キーワードで探すこともできます。

気に入った画像はコピーしてページに直接「貼り付け」してもいいですが、できればダウンロードしましょう。パソコン、ビジネスマン、ビル、店舗など自分のプレゼンでしばしば使うイラストをその都度探す手間を省くことができます。ダウンロードした画像は、自分のわかりやすいフォルダに入れておきます。

office.comには写真も多く入っています。イラストは幼稚な印象を与えかねないテイストのものもありますが、写真は落ち着いた雰囲気のものが多数そろっています。急なプレゼンで写真の手配などしている余裕がないときには非常に助かります。難点はマイクロソフト社がアメリカ企業のため、イラスト、写真とも日本固有の動植物や季節の行事関連のものなどはあまり入っていないことです。人物もいかにも欧米人というものが多く、イラストが日本人に見えないのです。

そのほか、インターネット上には、イラストや写真などさまざまなフリー（無料）の素材が提供されています。検索サイトで「クリップアート　無料　イラスト（写真）」などのキーワードを入れてみると、さまざまなサイトが表示されますので、そこから気に入ったイラストや写真をダウンロードします。書店のパソコン関連売り場でも、画像を入れたＣＤ‐ＲＯＭ付きの本を市販していますのでそれを利用しましょう。

◆2003の「クリップオンライン」から

2003 クリップアート

◆2010の「office.com」から

2010
クリップアート

●「クリップアート」にあるイラストを活用

◆画像検索ページにジャンプする

※Microsoft Corporation のガイドラインに従って
画面写真を使用しています。

Q26

図表の数

資料のすべてのページに図は必要ですか？

読みやすいプレゼン資料にするためには、図はどの程度入れるべきでしょうか。

A ビジュアルは各ページに1点以上入れましょう

私は長らく某企業の社内昇進試験のための論文添削を担当しています。論文試験に合格しないと口頭試問（対面プレゼン）に進めないので、論文も重要なプレゼンの場です。1回に20～30人程度ですが、それくらいの数に目を通していると、途中からはすべて同じ論文に見え、目がかすんできます。本番の審査員はもっと多くの論文に目を通すことを考慮して「1ページに1点以上は表、グラフ、図解、写真、何でもいいからビジュアル要素を入れるようにしてください」と指導するようになりました。六法全書や契約の約款（やっかん）など文字だけの書類を読むのは大変ですが、家電の取り扱い説明書などは必ず図解も入っているので読みやすいのです。

これは一企業に限った話ではなく、公募で何百、何千という応募書類に目を通す審査員にも共通することです。テレビの新番組の応募企画書を審査する管理職は10日ほどで500案くらいに目を通すそうですが「イラストや写真があって、文字が大きいものに目が留まる」と話されていました。皆さんも理科や社会の教科書に一切のイラスト、写真、グラフがなく、文字のみだった場合を考えてみてください。とても読む気になれないはずです。美術の教科書が文字だけだったら、書いてある説明がどんなものかまったくイメージできませんね。

そう考えると、できれば**各ページに1点のビジュアルはほしい**ところです。図といってもイラストとイラストを線で結んだ図解のようなものだけとは限りません。たとえば「知育・体育・徳育」という言葉を紹介する際、文字を1行に並べて紹介するのではなく、3つの輪が重なったベン図に文字をレイアウトしてみるだけでも図と呼べます。写真、地図のほか、パソコン画面をキャプチャーしたもの、表やグラフもすべてビジュアルですので、これらを入れるだけでも印象が違います。

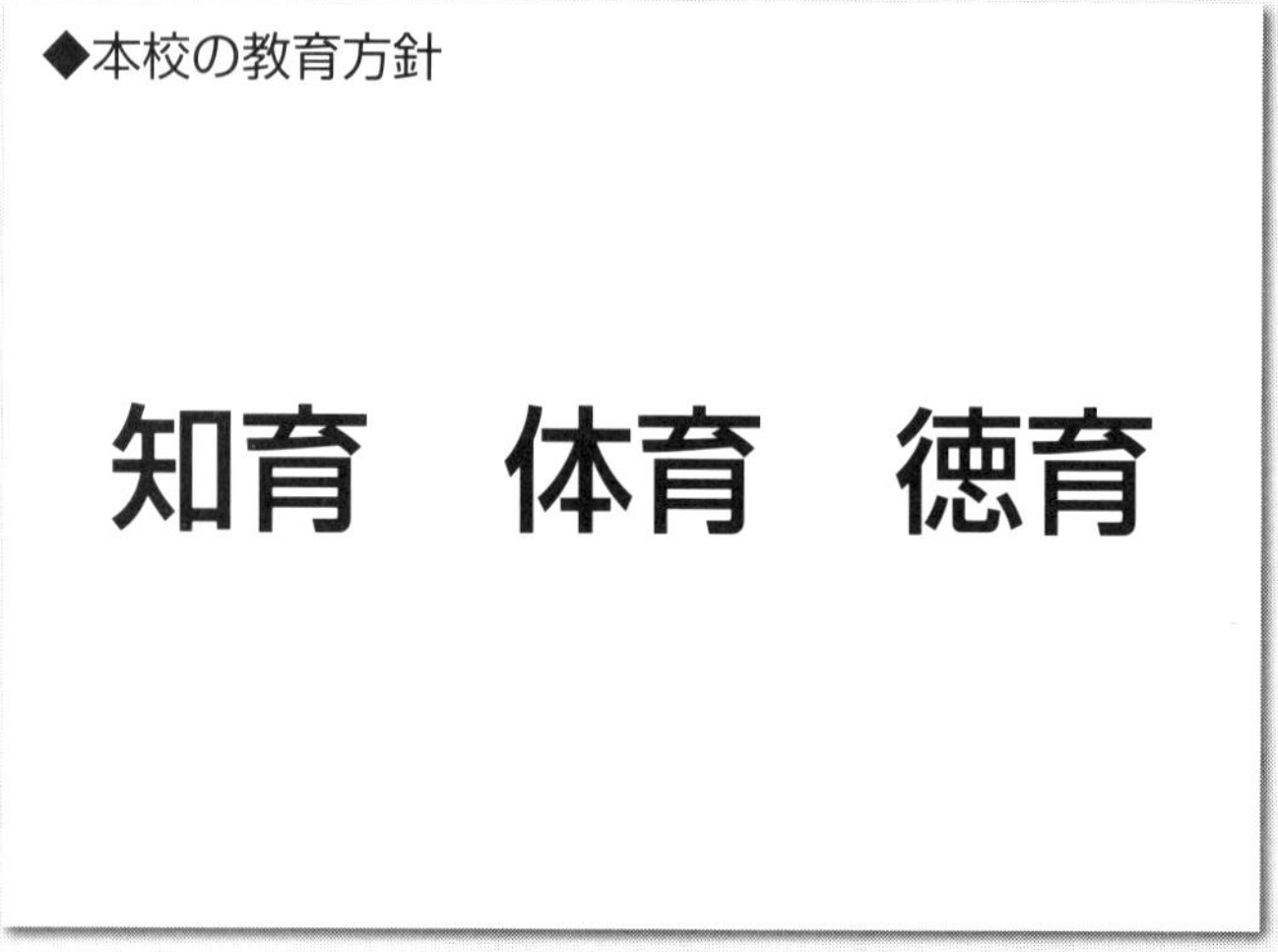

Before

●図で示すと一瞬で伝わる

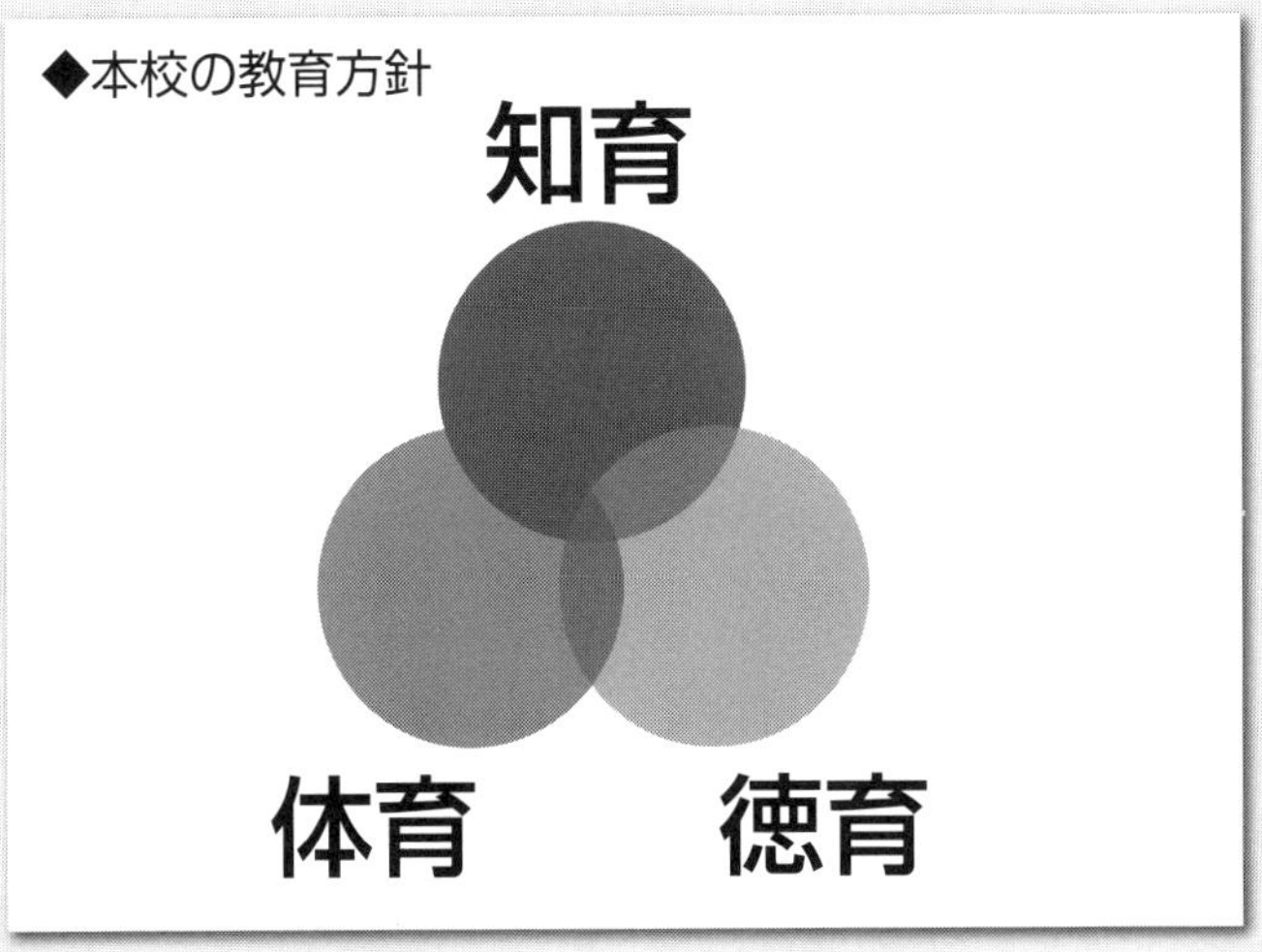

After

Q27

キャプション

キャプションの入れ方がわかりません。

そもそも「キャプション」って何ですか？
役割や使用方法を教えてください。

A 写真やイラストには20～30字の説明文をつけます

キャプションとはイラストや写真に添える短い説明文のことです。プレゼン資料にイラストや写真を使ってわかりやすくするのはよいのですが、これは何のイラストか、何の写真か伝わらなくては意味がありません。

そこに書く文は、撮影したもの自体（人物、物、風景など）の説明、場所や時間、どのような状況で撮ったものかなどです。「1950年ごろの東京駅周辺の靴磨き」「ニューヨークの屋台で売られているホットドッグ（2ドル）」「創業当時の佐藤社長（当時35）1号店の前で」といったものです。

ここで明らかにしなければいけないのは、それが実際に撮影したものか作ったものか、プレゼンする内容の実物かイメージとして入れたものかです。マンションの竣工後なら「秋葉原エクセレントタワー 周辺（11年8月撮影）」と書いてもいいでしょうが、竣工前の写真とＣＧを合成したものならば「秋葉原エクセレントタワー 完成予想イメージ（ＣＧ合成）」としなければなりません。社員旅行でハワイに行った話を紹介するとき、実際ハワイに行ったときに撮影したものなら「表彰社員の報奨旅行で、ハワイ」と出せますが、レンタルフォトで借りてきたワイキキビーチの写真ならば「ハワイ旅行（イメージ）」とすべきです。テレビであらかじめ撮りおきしてある映像を流すとき「資料映像」と字幕を流すのと同じです。

キャプションは基本的には写真のそばにレイアウトしますが、新聞や雑誌では写真を並べて掲載して、キャプションを1カ所にまとめて表示する場合もあります。その場合は、（上）（中）（下）や（左）（中）（右）、「上の写真から時計回りにA、B、C……」などのように説明しています。さらに点数が多い場合は写真に1．2．3．と番号を振り、キャプションも1．2．3．とまとめて掲載するようなケースもあります。

文字数は、写真のサイズにもよりますが、縦でも横でも写真の幅を超えない程度です。すると**20字から30字ほど**になります。1行で十分ですが、最大でも2行に収まる程度の文字数にしましょう。それ以上になるとパッと見ただけでは文字が認識できません。

◉キャプションのつけ方1

①食堂の店頭で焼くお好み焼き。
鉄板が丸いのが台湾式。

②リンゴ飴のリンゴをサンザシに
代えたお菓子。

③タコ焼き器のようなもので焼く
うずら卵の串をソースで食す。

④台湾式の焼き菓子とデニッシュ
パンやフランスパンが並ぶ。

◉キャプションのつけ方2

①

②

①食堂の店頭で焼くお好み焼き。鉄板が丸いのが台湾式。

②リンゴ飴のリンゴをサンザシに代えたお菓子。

③タコ焼き器のようなもので焼くうずら卵の串をソースで食す。

④台湾式の焼き菓子とデニッシュパンやフランスパンが並ぶ。

③

④

Q28

レイアウト

効果的な図のレイアウト位置は？

図が1点の場合、複数点の場合、スライドのどこにレイアウトすればいいでしょうか。

A 複数のパーツはどこかのラインにそろえて整列させます

点数にもよりますが、1点なら中央です。説明文などはその周囲に配置します。2点以上になった場合は文字とのバランスでいろいろなレイアウトパターンがあります。どのレイアウトがよい、悪いということはありません。複数の点数になったら、単体の置き位置よりもそれぞれの関係が重要になります。

3つの図を横に並べたとしましょう。どこかがそろっていないとバラバラした印象になるので、この場合は、スライドの左辺と右辺に対して等間隔に配置します。天地方向も図の上辺でそろえましょう。では3つの図を縦に並べた場合はというと、スライドの上辺と下辺に対して等間隔に配置し、図の左辺でそろえます。

◉図のレイアウト例1

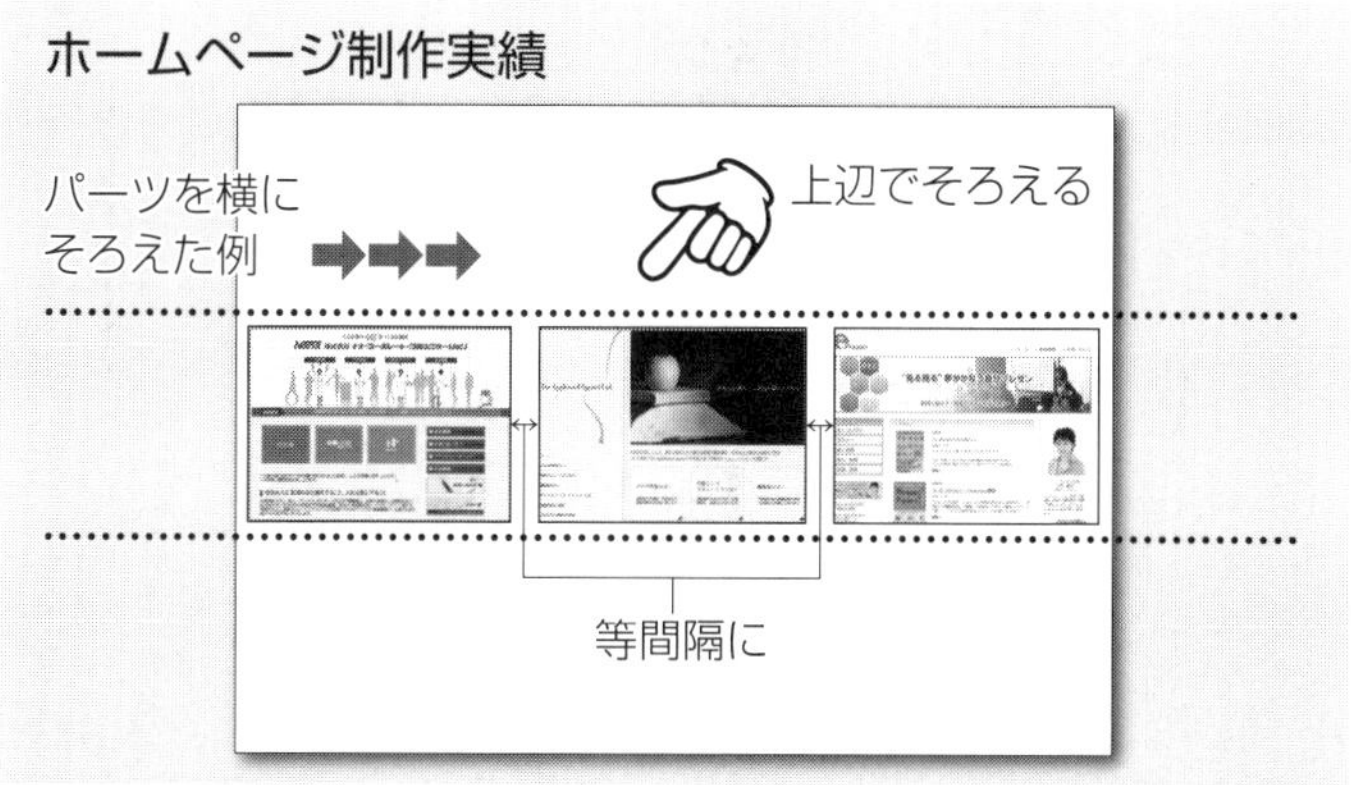

◉図のレイアウト例2

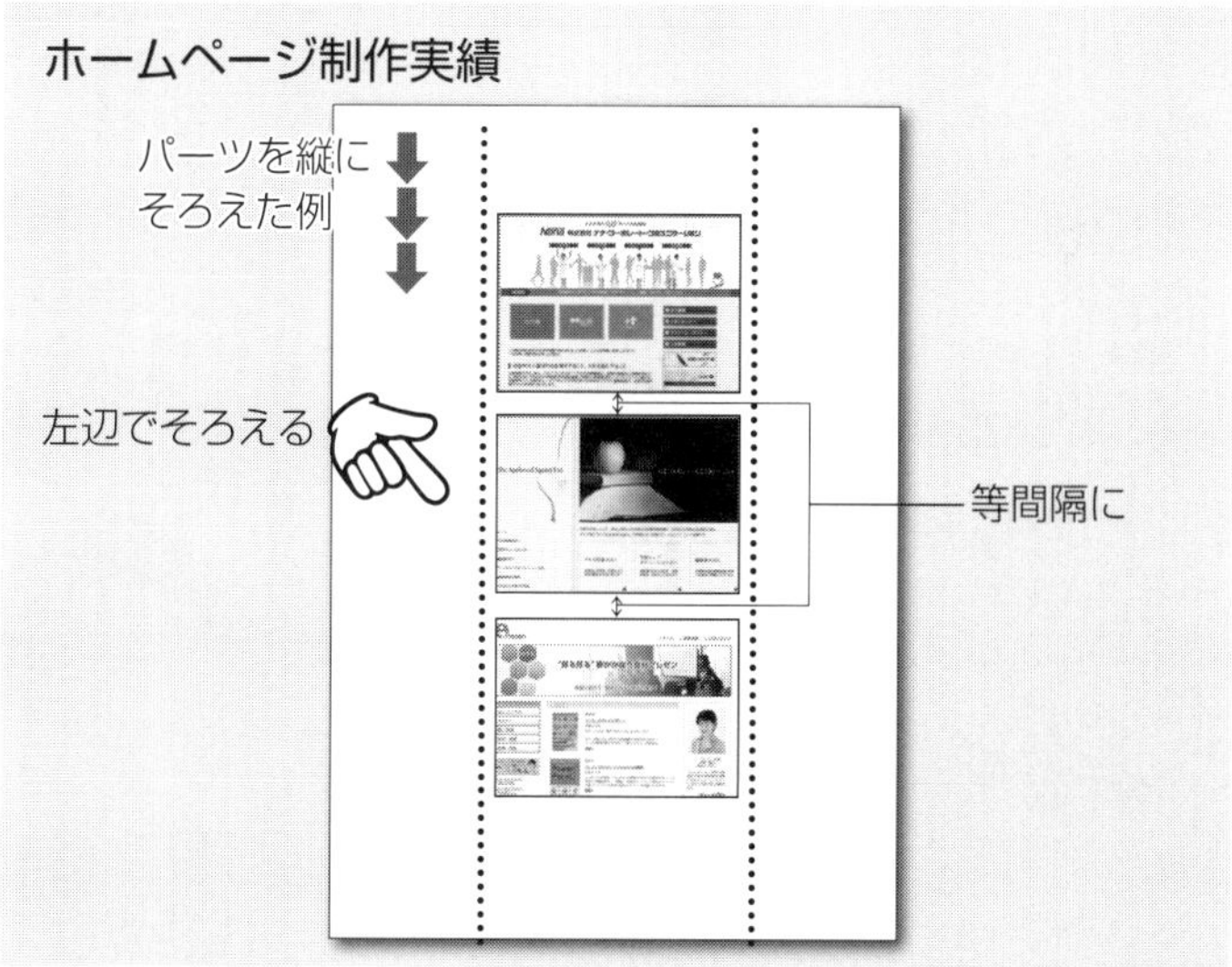

Q29

表紙

注目される表紙を作るには?

人目を引きつける表紙をつくるためには、どんな工夫をすればいいですか?

A ビジュアルを使って内容全体を直感させます

表紙は最も差のつく場所です。通常は「平成24年度集客プラン」といったタイトルが出ているだけです。それではあまりにももったいない使い方です。第一印象にあたる部分ですので、まずは**キャッチフレーズ的なタイトル**で注目させます（Q16参照）。

次にビジュアルです。パワーポイントのテンプレートにはプロが作った表紙デザインがたくさんありますが、それはあくまで既製品であり、オリジナルなものではありません。ここにビジュアル素材を入れます。住宅リフォームのプレゼンならステキな部屋の写真を、自分のアピールなら自分の顔写真を、新製品のお菓子なら商品写真を入れるのです。表紙をめくる前、一言も説明しない段階で何についてのプレゼンかを

◉表紙に印象に残るビジュアルを使用

オリジナルの画像や写真を用意する
"いやし系添乗員"
佐藤守が同行する
勤続25周年の
皆さまのための
「おまかせハワイ」
ツアーのご提案
汐留トラベル(株)
法人営業部

直感させます。企業であれば企業ロゴもレイアウトします。

表紙の形状にこだわる方法もあります。透明なフィルムの製本カバーをかけるのは比較的知られた手法ですが、そのほかに表紙だけ光沢のある用紙に印刷する方法もあります。綴じ方も、私が以前勤務していた会社では取引先がフランスだったのでヨーロッパ式にならってリング製本をしていました。これは費用もかかりますが、中身まで高級に見えたものです。受け取った資料の中では市販のバインダーに、プレゼンに関係したキャラクターを配した紙をキレイに貼ってオリジナル・バインダーを制作してこられた企業もありました。

大手文具店に行けば、ファイル、バインダーの類はどんどん新製品や輸入品が出ています。珍しいものを試してみてください。

Q30

訪問・メール

プレゼン資料を提出するときの注意点は？

取引先にプレゼン資料を直接届けたり、メールで送信したりするときの注意点は何ですか？

A 訪問やメール送信も審査の対象です

プレゼンは資料を届ける時点からすでに始まっています。相手の企業は、あなたやあなたの会社が取引先としてふさわしいかチェックしているのですから。きちんとスーツを着て、ビジネスバッグを持って訪問しましょう。先方がゲームやアパレル、マスコミなどラフなスタイルが主流の業界だとしても、こちらがラフな格好で出かけて行ってよいわけではありません。

次に時間です。「午後4時締め切り」という制約があるような場合、3時58分を目指して出かけたのでは途中、何かのトラブルに巻き込まれたとき間に合わなくなってしまいます。乗り換えルートや時間を調べて、余裕をもって到着するようにします。

その際に**受け取ってくださった方の名前を確認**しておき、上司に依頼された場合は、「○時○分、営業部田中部長の秘書の山本さんに手渡してきました」と、報告することも忘れないでください。

次にメール送信の場合です。まずは先方が受信できるかどうかインターネットの環境の確認をします。あまりに容量の大きなファイルはサーバーが許否する場合があります。その場合は、インターネット上の大容量ファイル転送サービス（「宅ふぁいる便」など）を利用します。

大勢が応募するときなどは、メールの件名が「募集案件名」では全員同じになってしまい、あなたの提案が埋もれてしまうおそれがあります。「イー・プレゼン　天野サマーフェスティバル企画」のように**応募者の社名や氏名がわかるように**します。目立つように件名の頭に【】、■、★などの記号をつけるのも効果的です。ここに出した記号例は黒塗りの部分の面積が広いことが特徴です。〈〉、□、☆ではアイキャッチにならないのです。また、どこのだれからの提案かわかるように、**署名に社名、部署名、氏名のほか連絡先を示します**。これで何かあっても連絡をとってもらえます。

そして本当によくあることですが、本文だけ書いて、**資料ファイルを添付するのを忘れないように**してください。

Q.31 提出時の工夫

先方の指定物以外に加えるべきものはありますか？

資料を提出する際、先方から提示されている提出物だけを出せばOKなのでしょうか？

A 点数ではなく提出方法でライバルに差をつけます

提出資料に不足があってはいけませんが、提示されたものを提出しておけばひとまず安心です。ただし、皆さんが目指すのは資料を受理されることではありません。最初に決めた目標「自社の製品が導入される」「自分の企画が採用される」などを達成するためには、プラスアルファのプレゼンも必要です。

先方はこの会社、この人に決めれば問題ない、安心だという裏づけがほしいのです。

印刷会社選定のコンペで「①企画書、②業務実績一覧、③会社案内、④過去の制作物を提出してください」という指示があったとします。

すると、受け取った方がこれらの取り扱いや保管に困らないように、

- ・すべての資料のサイズと向きをそろえ、提出物の一覧表をつける
- ・制作物がバラバラにならないようにファイルに入れ、それぞれのページに簡単な説明をつける
- ・郵送するならあいさつ状を添付する
- ・すべてをひとまとめに保管できるボックスやバッグにまとめて渡す

などの工夫ができます。そういう気配りができる会社なら任せても安心だと思われるに違いありません。

また、提出時の押印についてです。官公庁の入札などで社印や代表者印を押すよう書類に指示がある場合がありますが、それ以外では必要ありません。もちろん、先々で契約を交わすことになったら押印の必要はあります。

ただし、資料を持参する途中で、どうしても修正が必要な重大なミスを見つけたとします。会社に戻って資料を作り直す時間もないようなときは、該当箇所を二重線で消して訂正します。そこに訂正印が必要になるので、資料を届けに行く人は、あらかじめ自分の認め印を持って出かけるようにしてください。

Q32

資料の撤収

プレゼンで使ったものはすべて置いて帰るのですか?

先方でプレゼンした際、手渡してよいもの、自社に持ち帰るべきものの違いは何ですか?

A 社外秘のものと貴重品は持ち帰ります

章の初めに紹介したように、プレゼン資料は渡した時点から独り歩きするものです。いくら「部外秘」「コピー厳禁」と記載したところで、先方ではコピーされたり、回覧されたりするものだと考えておいてください。資料を目にした人が家や通勤電車、居酒屋などで話題にすることも大いに考えられます。ですから基本的には、渡す資料には**公にしてよい情報しか載せてはいけない**ということです。

けれども、提案を通すために参考までに見せてもよいものはあります。

たとえば、自社が顧客データをもっていて、それを使ったサービスを展開するような案件があったとします。説得材料として「このとおり、当社では10万人分のデータベースをもっています」とリストを見せるようなこともあるでしょう。

しかし、そこには顧客の個人情報が載っているわけですから相手に渡してくるわけにはいきません。悪質な相手だったら、コピーを取られて悪用されてしまいます。また、一般に公開するのが○月○日○時の記者会見と決まっている製品のデザインなども、関係者に見せないことには業務が進まないので見せますが、製品の実物を渡してしまってはどこから流出するかわからないので持ち帰らなければなりません。

そのほかに貴重なものも持ち帰ります。たとえば、開発中の新商品で実物はそれ1点しかないようなもの、高級絵画や歴史的価値のある高額な会社の資産などがそれにあたります。加えて、そのほかのプレゼンでも使い回しているような、説明用のプレゼンボードなども、次のプレゼンに使うために持ち帰ります。

逆に、数に余裕があってクチコミで広めてもらいたい商品などは、サンプルとして持参したものでも先方に差し上げて、使い心地や味などの感想をもらったほうが商品のデータ収集にもつながります。

Q33

訪問時のマナー

初めて会社へ訪問する場合の注意点は？

初訪問の会社で、あいさつからプレゼン資料の手渡しをスムーズに行う方法はありますか？

A 担当者本人が出向き、事前のあいさつを済ませます

まずは担当者自らが先方に出向くことです。今の時代はバイク便もありますし、学生アルバイトやパートさんにおつかいに行ってもらうというような方法も考えられます。

けれども、そういう方たちは名刺も持っていません。特に学生はラフなスタイルでアルバイトに来ていることが多いものです。夏にタンクトップ、裸足にサンダル履きの女子学生が資料を届けたとしたらどうでしょうか？　会社の第一印象はよいものにはならないはずです。

初めて訪問する会社に資料を届ける際には、担当者が対面プレゼンと同様にスーツを来て会社を訪問します。**訪問の前に先方にメールや電話で連絡を入れて、**「〇時ごろに訪問しますが、どなた（どの部署）にお渡しすればよろしいですか？」と確認したほうが安全です。職場によっては、夜間などは決められた時間がきたら通用門や入口が閉まって、裏口からしか入れなくなるようなこともありますし、そもそも事前にアポイントを取らずに急に訪ねても迷惑になります。

先方に着いたら名刺を出したうえで、受付で「資料をお届けにうかがいました」とあいさつし、先方の担当者を呼んでもらいます。

たいがいは内線電話などで受付に預けるよう指示が入るのですが、担当者ご本人が出てこられることもあります。その場合は、改めて自分の名刺を出しあいさつします。これで対面プレゼンや商談の前に、実際にプレゼンを聞いてもらう担当者との面識ができるわけです。

また資料をお渡しする場合、「ご不明の点は何でもお問い合わせください」という一言を忘れずに添えましょう。

Q34

印象づけ

自分を印象づけるプレゼン資料の渡し方は？

会社にプレゼン資料を手渡すときに、好印象を与えるコツを教えてください。

A

持参した人の社名、氏名がわかるものを残します

資料は裸のままでは渡しません。クリアファイルや社名の入った封筒に入れて手渡します。社名封筒なのですからどこの会社から届いたものかはわかりますが、さらに部署や担当者の氏名も書いておくとだれから届けられたものか明らかになります。

ご本人に手渡すことができればいいですが、受付など代理の方に預ける場合は、自分の名刺に**日付と時間を書き添えて**資料と一緒に渡します。あとで受け取った方も、「何時ごろにわざわざ届けてくれたのか」というふうに思われるはずです。

私は手渡しでも郵送でも表紙にポケットのついたクリアファイルに名刺を入れて資料を渡すようにしています。その名刺には顔写真も入っています。受け取った方は大

◉ポケットファイルで社名・氏名をアピール

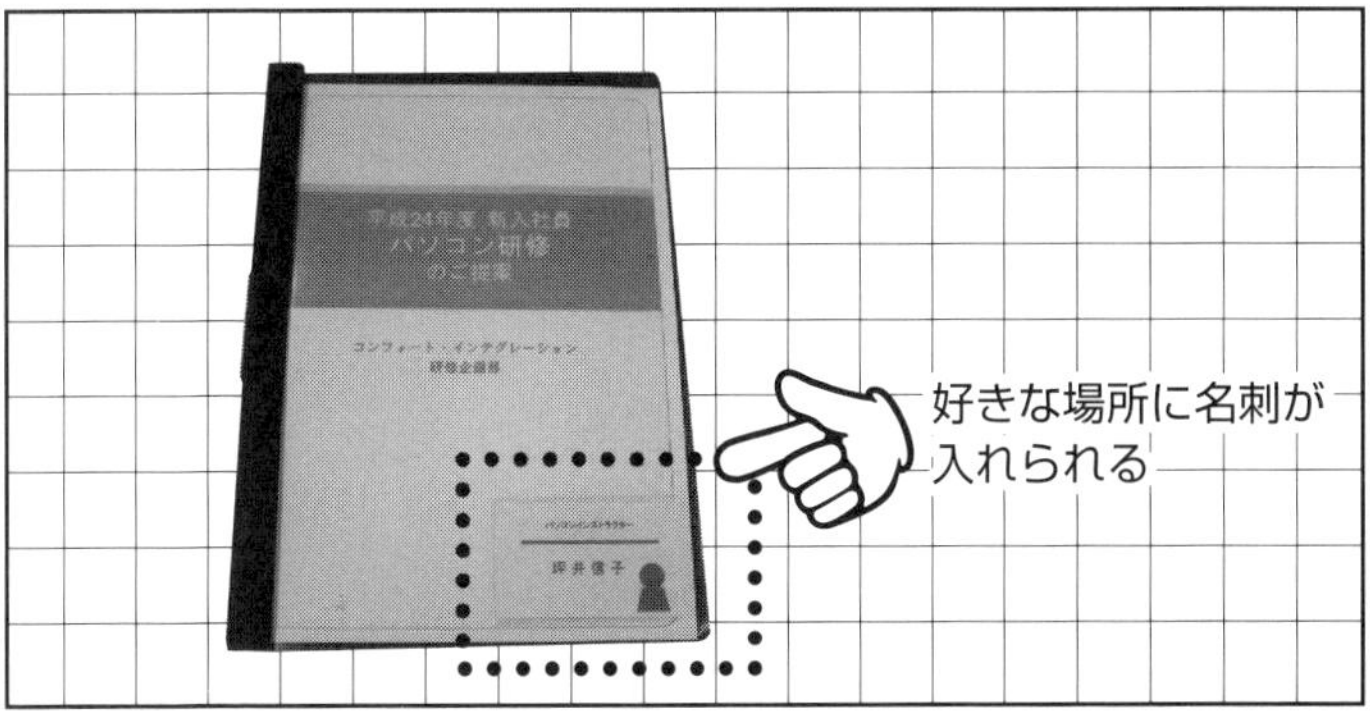

抵ファイルに入れたまま持ち歩いたり、保管されたりしますが、表紙に連絡先があるので連絡も取りやすいですし、自分の顔もインプットされます。会社のマークやキャラクターの入ったオリジナルファイルも珍しいものであればあるほど、長く使われる可能性が高いのでお勧めです。

また、**季節に応じて手みやげを添えて**もいいでしょう。年末年始ならカレンダーや手帳、手ぬぐいは一般的ですし、有名なお菓子などを買って届けることも効果的です。私にも経験がありますが、そうした会社を次に訪れると、お茶を出してくださる社員の方が「この間は珍しいお菓子をありがとうございました」などと声をかけてこられ、初対面同様なのにいきなり場が和むような効果があります。そういうコミュニケーションができあがれば、審査に手加減が作用することもあります。

Q35 持ち運び方法

書類以外の資料を持参するときの注意点は？

書類のほかに商品サンプルを持参することになりました。梱包などの注意点は何ですか？

A 形を崩さないよう持参し、資材を残さないようにします

その商品の形態にもよりますが、形が崩れないことが最優先です。大きな紙とかパネル状のものなら折り目やしわがつかないことが条件でしょう。広告や印刷業界の方は大判のバッグに入れて持ち歩いています。大型パネルを使う担当者が、パネルが大きすぎて歩けなかったこともあります。私物のバッグなどを持っても自分一人で持ち運べる荷姿にしなければなりません。

ケーキのように崩れやすい食品は、移動中に容器の中で動かないことも重要です。これは両手で箱をしっかり持つより、ひも状のものでぶらさげるほうが、中の物が移動しません。生ものの食品の場合、アイスボックスやドライアイスも必要です。陶器・

ガラス食器や模型のように壊れやすいものは緩衝材で梱包します。

プレゼン現場の建物に行くまではそれで結構ですが、そこから先はいろいろなことが想定されます。会議室や応接室のようなところに通されて荷ほどきを始めるわけにもいきません。そこで、建物の前やロビーに入った時点で梱包をほどき、中の商品をいつでも見せられるようにします。そこで出た梱包資材がバラバラにならないように、ひとまとめにできるバッグなども持参したほうがいいですね。

次に、見せたその商品はサンプルとして提案先に差し上げてくるのか、それとも持ち帰るのかという問題も出てきます。差し上げるものなら置いてくるだけですが、持ち帰る場合はまた梱包して帰らなければなりません。通された部屋で包み直すわけにもいかないので、やはり建物の１階に下りてからや玄関の外での作業になるでしょう。一番いけないのが、その梱包資材などを先方のオフィスに置いたままにしてくることです。ましてや、その会社のゴミ箱に捨てて帰るなどあってはなりません。

また、持ち込む物が大型の場合は、台車を使うことになるかもしれません。オフィスビルにはさまざまな制限があるので、自家用車やトラックで乗りつけた場合、荷下ろしする場所があるか、台車を使う場合の入口、使用してよいエレベーターなどを**事前に担当者に確認**しておきましょう。

Q36

データの保護

プレゼンデータを加工されないための方法は？

先方にデータの提出を求められました。金額などの加工を防ぐ方法を教えてください。

A　ＰＤＦ形式で保存するか、保護をかけます

資料の文字化けなどを防ぎ、レイアウト上の見た目を損なわないためにもＰＤＦファイルに加工するとよいでしょう。

ＰＤＦファイル化にはアドビ社のアクロバットなど特別のソフトが必要ですが、１回だけならプリントショップに持ち込んで加工してもらってもいいでしょうし、複数回以上の利用が見込めるなら購入して持っておいたほうが便利です。また、オフィス２０１０（ワード、エクセル、パワーポイント）からは、別途ソフトがなくてもＰＤＦ形式に保存できます。

社外でプレゼンするような場合、そこで使われているパソコンのフォントの関係で、フォントだけでなくスタイル全体が崩れて表示されることもありますので、**自分用にもPDF化してUSBメモリなどで持参**しておくと、いざというときにあわてずにすみます。また、ＰＤＦファイルにすることでデータの容量も小さくなりますので、メール送信する場合などにも便利です。先方もバージョンに関係なくファイルを開いて閲覧したり、印刷したりできます。

そのほか、ワード、エクセル、パワーポイントではファイルに**パスワードで保護をかける**という方法もあります。それぞれのファイル起動画面の、ツール―オプション―セキュリティで設定できます。社内でも特定の人しか加工できないようにする場合にも活用できます。

しかし、あまりにも複雑すぎるパスワードを設定して自分が忘れてしまっては困ります。設定した本人も思い出せないような、難解なパスワードは設定しないようにしましょう。

第2章

「対面プレゼン」編

プレゼンとは一方的な発表ではなく、「説得」の場であることを念頭に置いて臨みましょう。

　発表が一方的であるのに対し、プレゼンは相手の心を動かし、行動に導くものです。人と人の双方向コミュニケーションですから、どんな情報を提供すれば相手が喜ぶのかを念頭に、構成を考えましょう。

　プレゼンの成否を分けるのはリハーサルです。独創的なアイデアや画面を使った説明は急には上達しないかもしれませんが、リハーサルは何回でも何十回でもできるはずです。持ち物のチェックも含め、準備を地道に進めた人がプレゼンに成功します。

Q37

構成

対面でのプレゼンはどんな構成にすべきですか?

聞き手の注意が途切れない、プレゼンの構成を教えてください。

A 最初に概要、その後、本論、まとめと続けます

導入、本論、まとめと展開していくことが基本です。Q19と同様、対面プレゼンでもポイント（結論）は最初に伝えます。長いプレゼンの内容をどれくらい短く凝縮すればいいかというと、**15秒で説明できる長さに収める**ことです。テレビニュースでも、冒頭では「リード」といって全体を要約した導入部分から伝えますが、その長さが約15秒なのです。この秒数ならだれでも飽きることなく聞いていられます。

プレゼンは推理小説とは違うので、結末まで話を秘密にしておく必要はありません。むしろ、聞き手の注目を集めるために、**冒頭でポイントを伝えるべき**なのです。後回しにすると、肝心なところで時間切れになることもあります。すると聞き手は最後まで〝何がどうなる話〟かわからずその場にいることになります。

まず「今日は自治体から2万円の助成金が出る電動アシスト自転車をご紹介します」のように概要を短く伝え、「えっ、何?」「ホント?」と聞き手の興味を引きつけてから本論に入っていきます。この部分だけで全体像がつかめる概要になっていなければなりません。同時に、スライドのトップ画面（表紙）や配布資料にも「2万円の助成金が出る電動アシスト自転車」（のご提案）とタイトルを出しておくことにより、聞き手の〝聞く気スイッチ〟が入るのです。

本論では、さらに具体的な裏づけを紹介していきます。「まず初めに……」「次に……ですが」「最後に3番目は……」と話題を区切って説明します。Q04で説明したように、この項目が10も20もあったのでは聞き手も理解できませんし、プレゼンター自身も混乱しますので、3項目、多くとも5項目以内に収めるようにしましょう。

最後のまとめでは、今後の展開などを伝え、これまで説明してきたことを再度念押しで繰り返します。「以上、ご説明してきたことをまとめますと、1番目は……、2番目が……、3番目が……でした。これらのことから……」というふうに締めくくります。

Q38

論理性

プレゼンを論理的に構成する方法は何ですか？

相手にプレゼンの内容やコンセプトをロジカルに伝える方法を教えてください。

A　演繹法、帰納法などの論理的手法を使って考えます

ロジカル＝論理的と聞くと何やら難解な響きですが、難しく考えることはありません。プレゼン全体のつじつまが合っているかどうかということです。たとえば、「昨年から今年にかけて売り上げが下がったので、利益は上がります」という説明はおかしいですね。売り上げが下がったなら、普通は利益も下がるはずですから。

ロジカルに考えるための代表的な手法として、演繹（えんえき）法と帰納法の２種類をご紹介しましょう。

演繹法は絶対的な条件から言えることを前面に出して説得する方法です。「すべての□は○である」ゆえに「ある特定の□は○である」と結論を導きます。

「ナナ女子高校の生徒は全員女子である」ので「ナナ女子高校の2年1組の生徒は全員女子である」と言えます。だれにも反論できない真実は決定的な説得材料です。

帰納法はいくつかの事例から一般に通じる法則を考えるものです。「いくつかの□は○である」ゆえに「すべての□は○である」と導きます。「去年の夏は暑かった」「今年の夏も暑かった」ので、「来年の夏も暑いだろう」と主張できます。希望的なメッセージを伝えたいときには有効です。

また、結論として主張したいことを導くために構成要素を掘り下げるツールとして、2種類の「ロジックツリー」があります。代表的なものの1つは、ある事象に対して原因を2つ考え、それを構成する原因がさらに枝分かれしていくもの。もう1つはある課題に対し、それを解決するための方法が2つに枝分かれしていくものです。ツリー状の図式にあてはめて考えることで、問題を解決する要素を論理的に洗い出せます。

もっと簡単な方法なら、構成ができた段階で、各部分に対し**「それはなぜそう言えるのか」**と自問自答してみます。それに答えられるようにしておかなければ、プレゼンの現場で相手からその部分を追及されます。

冒頭の例では「昨年から今年にかけて売り上げが下がりました**が**、○○によって利益**は**上がります」と答えられるようにしておけばいいのです。

◉「演繹法」で間違いのない前提から結論を出す

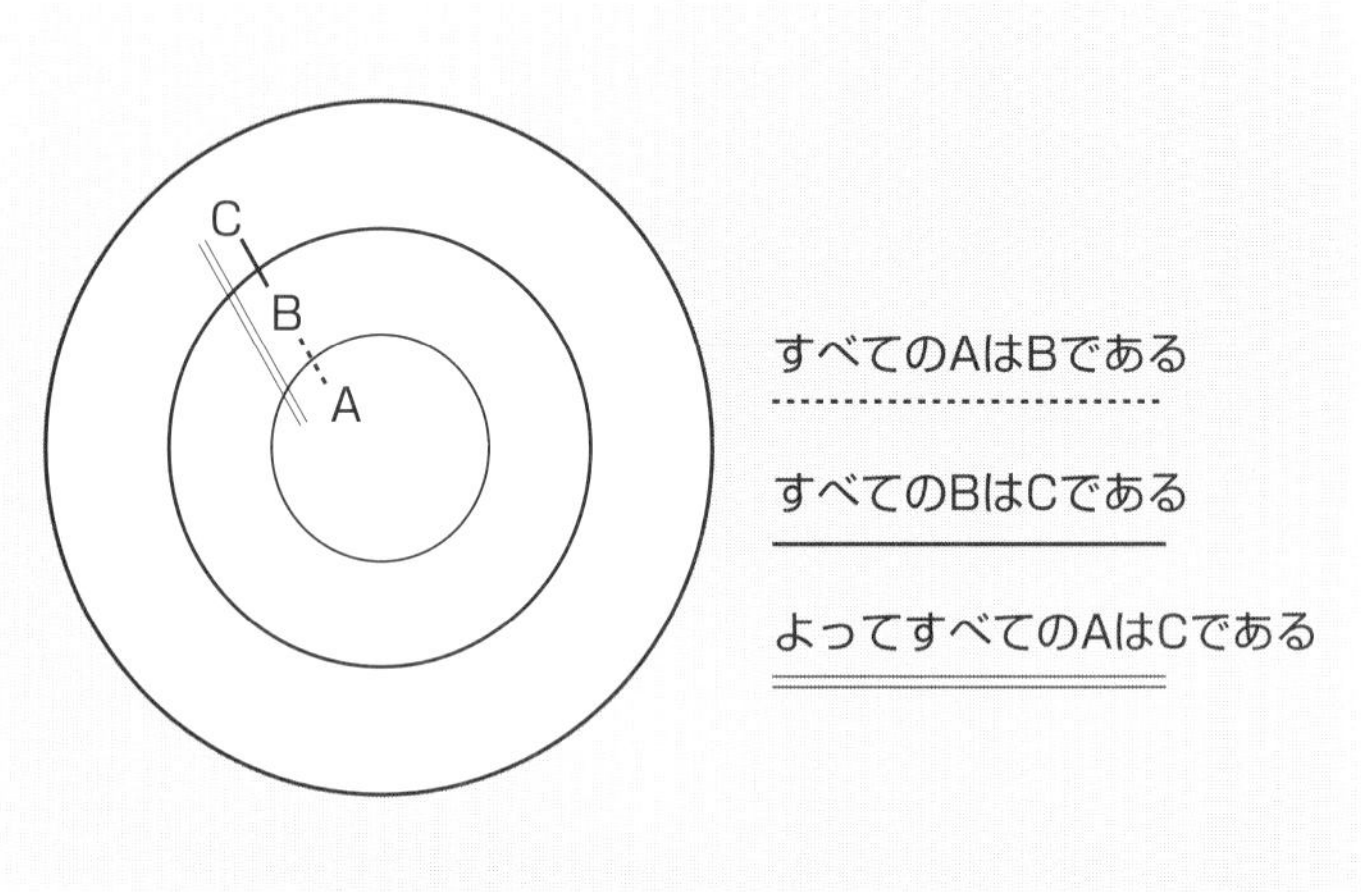
C
B
A
すべてのAはBである
すべてのBはCである
よってすべてのAはCである

◉「帰納法」でいくつかの事象の共通項から結論を出す

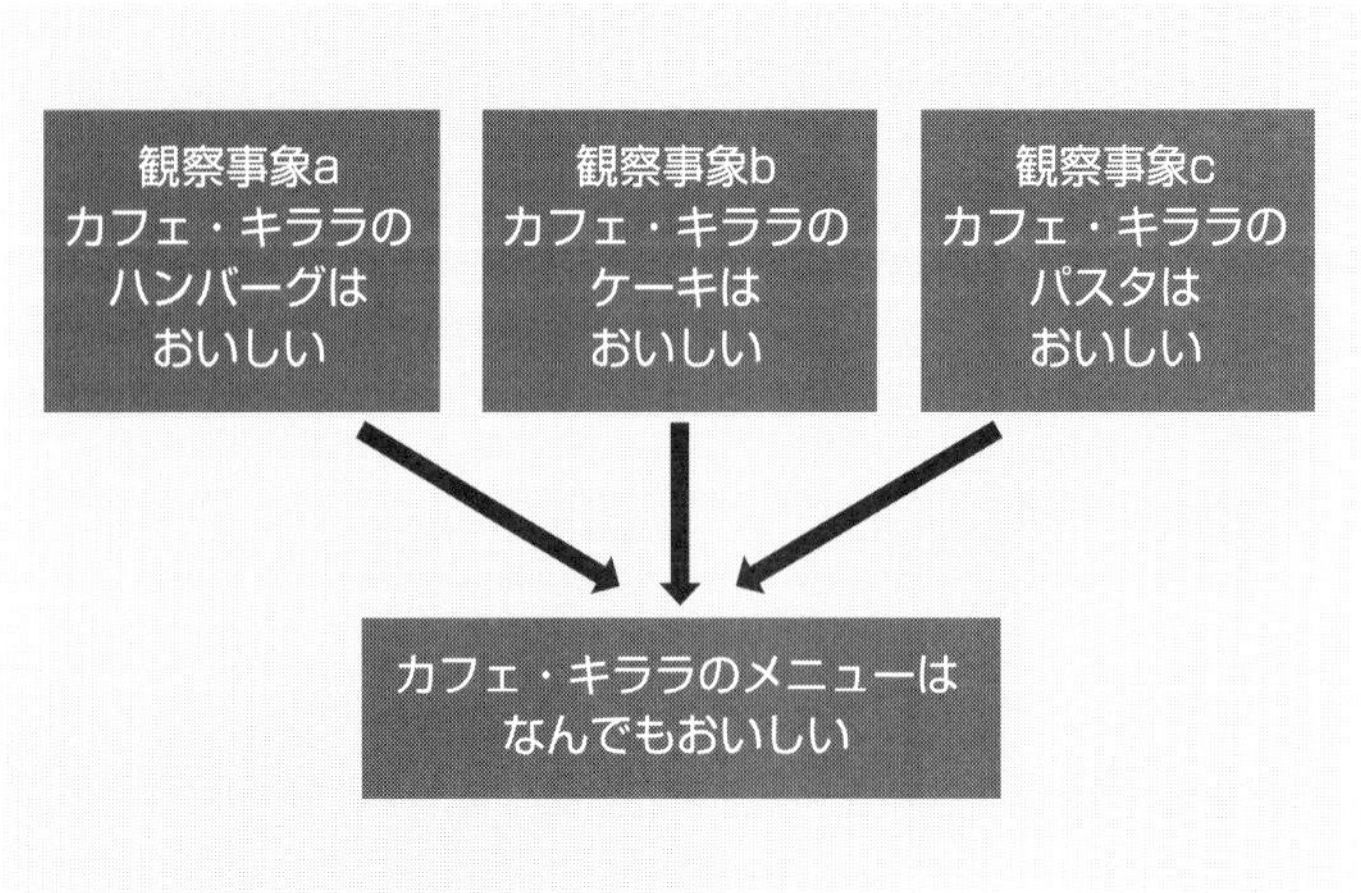
観察事象a
カフェ・キラランの
ハンバーグは
おいしい
観察事象b
カフェ・キラランの
ケーキは
おいしい
観察事象c
カフェ・キラランの
パスタは
おいしい
カフェ・キラランのメニューは
なんでもおいしい

◉ロジックツリーで原因を突きとめる

“その原因は何？”で掘り下げる

◉ロジックツリーで解決策を導き出す

“それを解決するには？”で掘り下げる

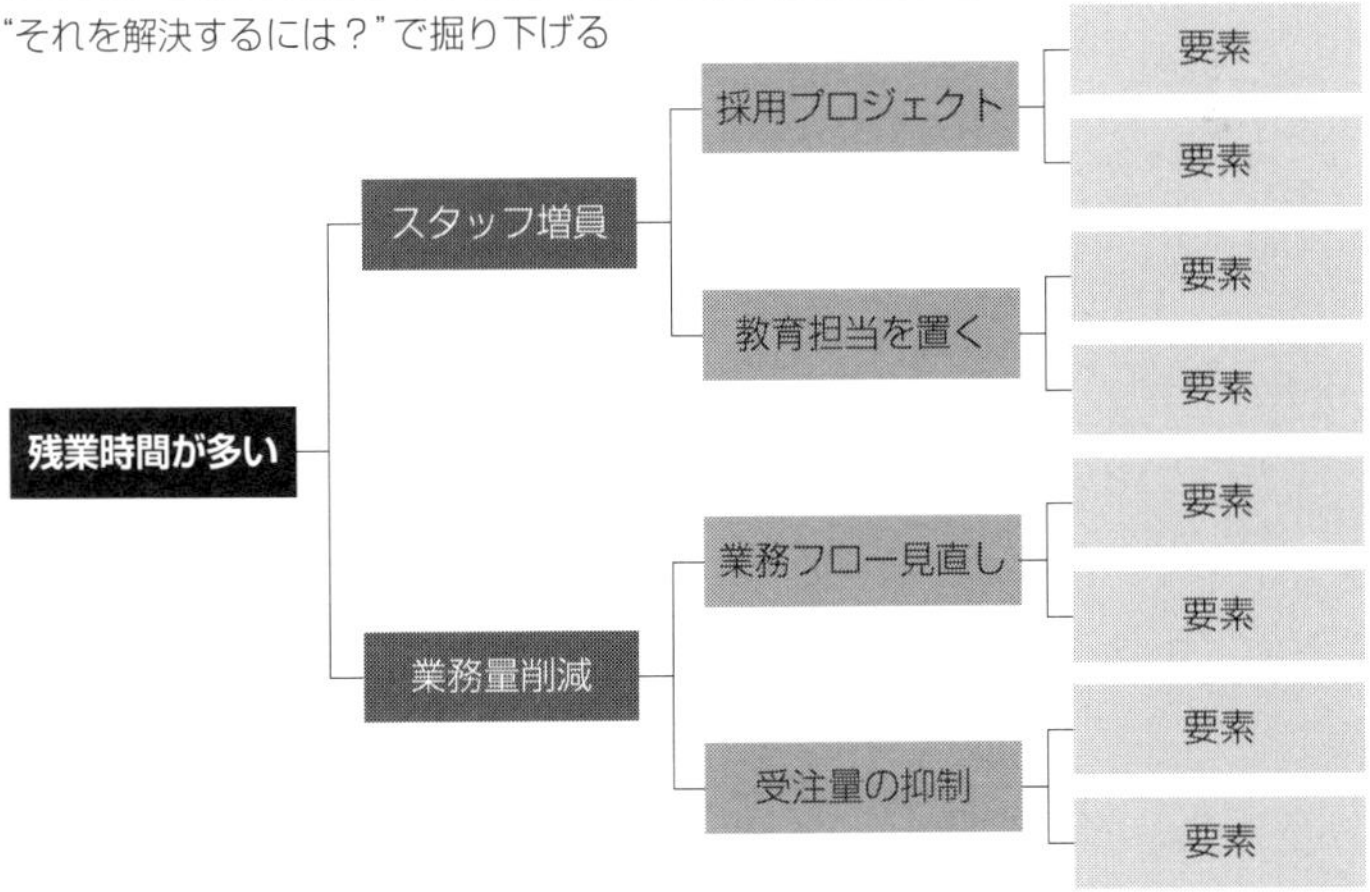

Q39

人数

プレゼンに最適なメンバー構成を教えてください。

プレゼンでスピーチする場合の最低人数と、それぞれの役割を教えてください。

A

基本は1人、特殊な場合は専門家も同行します

どんなプレゼンであってもプレゼンター（スピーカー）は1人です。業界にもよりますが、ひとたびコンペ（競合プレゼン）となると社長、事業部長、部長、○○担当、△△担当と大勢で乗り込む会社があります。大勢で押しかけても「担当者1人では説明できないのか」と判断されることになります。**パソコン操作の補助を含めても2人か3人で十分**でしょう。

2010年に行われた日本へのサッカーW杯の最終プレゼンでは、日本サッカー協会や招致委員会の関係者、広告会社のスタッフなどが大挙して現地に行きましたが、スピーチしたのは小学生の女の子1人だけでした。

ただし、グループでプロジェクトにあたっている場合はグループ員全員がその場に行くことがあります。ではプレゼンター以外の人は何をすればいいのでしょうか。前に出て、全員がユニホームを着て立って、プレゼンターに向かって視線を送っているだけでも前面の空間をグループで支配できます。「会場の皆さんも注目して話を聞いてくださいよ」というオーラが会場に広がるのです。そのほか、発表の模造紙やパネルを両側から持ったり、定刻どおりに進行させたりするためのタイムキーパー役を担当してもいいでしょう。パソコン操作がある場合は、別途操作の担当者をつければプレゼンターは説明に集中することもできます。

何人かで行く可能性があるのは専門性の高いプレゼンの場合です。医学、財務、IT関連など、聞き手が相当レベルの知識をもった方々のため担当者では回答できないという場合に、説明する補助要員として専門家が付き添うことはあります。

大勢で出ていっても、それはあくまで補助、控えのスタッフですから、通常はここに挙げた役割をプレゼンターが１人でこなすことになります。時間管理のためには卓上時計を置きます。腕時計ならあえて盤面を手首の内側に回してつけておくと、さりげなく手首を見ることができます。パソコン操作をしながら話すことも、日常生活にはない動作ですから、もちろん練習が必要です。

Q40

事前確認

プレゼンの準備の前に確認すべきことはありますか？

安心してプレゼンを進めるために、最初に確認しておく必要事項は何でしょうか？

A

プレゼン環境と参加者の属性を確認しましょう

具体的には場所、人数・属性、設備、そのほかの環境などを確認します。

●場所

プレゼンを実施するのが会議室のような部屋か、それとも体育館のようなホールか階段教室のように聞き手の座る場所に高さのある場所かを確認します。遠近、高低によって見せられるものが変わってきますし、肉声が届かない場合はマイクも必要です。

●人数・属性

「1対1」と「1対多」では構成や演出が変わってきます。さらには、性別や職種など、聞き手の属性も知っておく必要があります。学生対象と社会人対象でも内容は変えなければいけません。特に、学会など専門的なプレゼンでは、そこで使う用語がどこまで通じるかを把握するためにも参加者の知識レベルの確認が不可欠です。

●設備

パソコンやプロジェクターの使用では、「設置してあるものが使える（有料・無料）」「持ち込めば使える」「使用不可または禁止」などを確認しましょう。狭い、電源がないから使えない場合と、設営の準備に時間が割けないので使えないという場合がありますす。ＩＴ機器を使うのであれば、電源を使うためのコンセントや延長コードを確認・準備します。パソコンの画面を映すのも、大型モニターとスクリーンでは縦横の比率が異なるので、作成時から比率を考慮しなければなりません。

そのほかには、ホワイトボード、黒板など、途中で書いたり模造紙などを貼ったりする壁面があるかどうかも確認しましょう。

●そのほかの環境

その日の天候や気温なども考慮に入れなければなりません。寒い地域、暖かい地域に行くなら服装も変わってきます。

特別な照明があるかどうかもチェックしたいところです。ステージ上でプロの照明があたるような場合はそれを考慮して舞台映えする色の服装を選びます。

Q41

情報の入手

先方がほしい情報をどこで探せばいいですか？

取引先が望む提案をプレゼンに盛り込むためには、どんな調査・情報収集方法がありますか？

A 関係官公庁のホームページや白書などで入手します

関係ある業界やターゲットに関するデータは説得材料になります。物流業界を例にとれば、正式な統計は国土交通省がまとめていますし、各地方の運輸局がまとめる地域ごとの統計や、特別行政法人、各種団体がまとめたデータもあります。または業界紙・誌がまとめた調査も有効です。それらはほとんど白書という形で毎年まとめられているので、図書館や政府刊行物センターで入手できます。

ただし、問題になるのは相手の方がその業界の方である場合です。先方もそのデータはご存じで「そんなことは既に知ってるよ」ということや「その記事ならもう読んだよ」ということもあるでしょう。「皆さんご存じとは思いますが、改めて確認しますと……」という紹介の仕方のほうが、〝釈迦に説法〟にならず無難です。

そのほかの探し方としては、図書館で関連書籍をあたります。そこには表やグラフなどが出典とともに記載されていますので、どういう団体が調査を行っているかがわかります。次にインターネットでその団体のホームページを見ると、最新のデータを得ることができます。ＰＤＦ形式で掲載されていることが多いので「ホテル　料金　ＰＤＦ」のように検索すれば見つけやすいはずです。

感謝されるのは、**先方が持っていないデータの提供**です。たとえば、自社で独自に調査した結果や同業他社のデータなどです。独自調査は当然ながら時間と費用をかけて実施します。もしも同業他社のデータを持っているなら匿名にして紹介し、Ｑ32で紹介したように口頭やスライドだけで説明して、資料類は渡さないほうが安全です。

各種データを利用するのは結構ですが、**出典を明記しておくこと**を忘れずに。時折見かけるのは「経済産業省ホームページ調べ」というような記載です。調べたのはホームページではないので「出典：経済産業省」もしくは「経済産業省調べ」という書き方になります。また、統計データは毎年出ていることが多いので、何年の調査なのかも明記します。その際、平成23年（1月〜12月）なのか平成23年度（4月〜翌年3月）なのかを混同しないよう注意が必要です。

◉出展を記載するスライドの悪い例

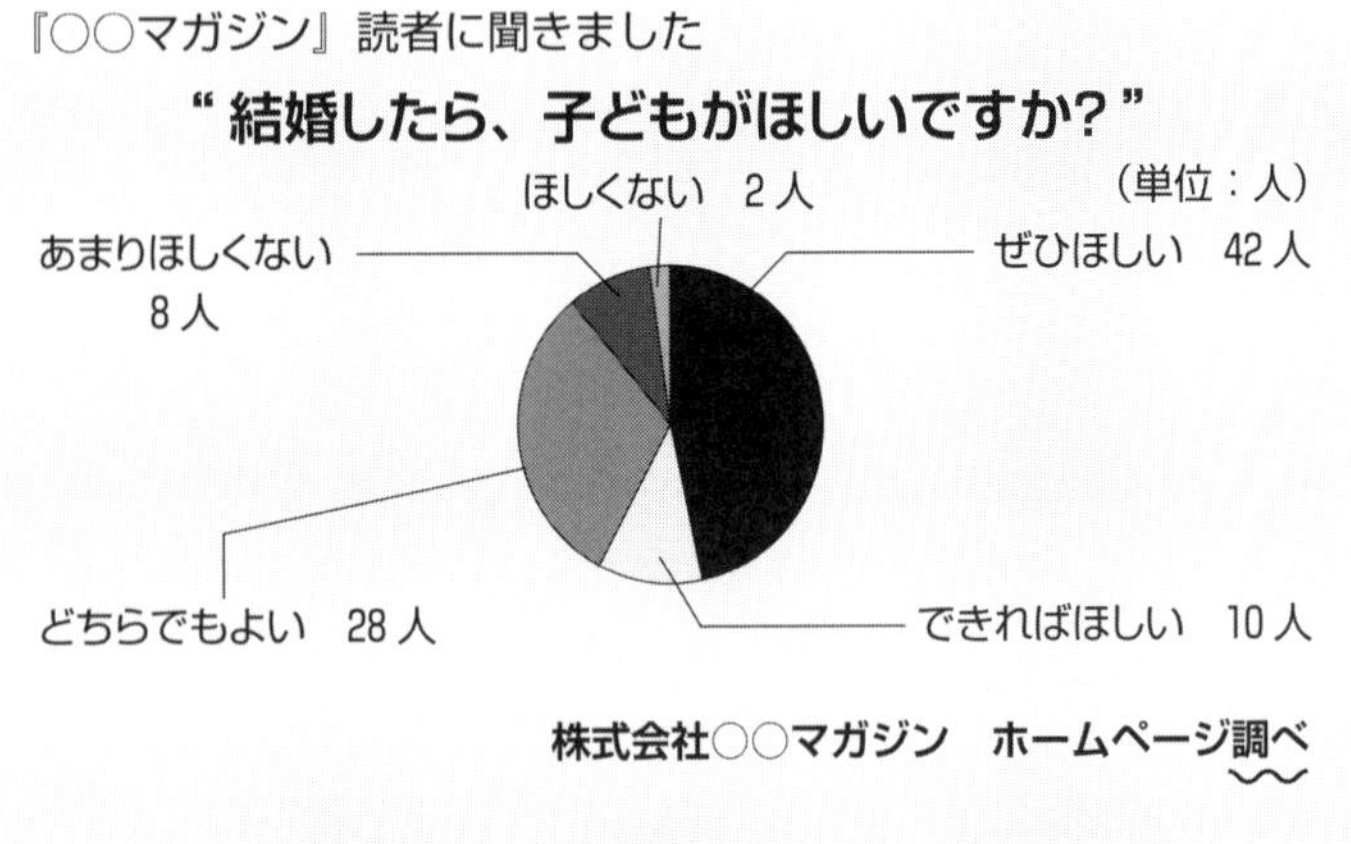

◉出展を記載するスライドのよい例

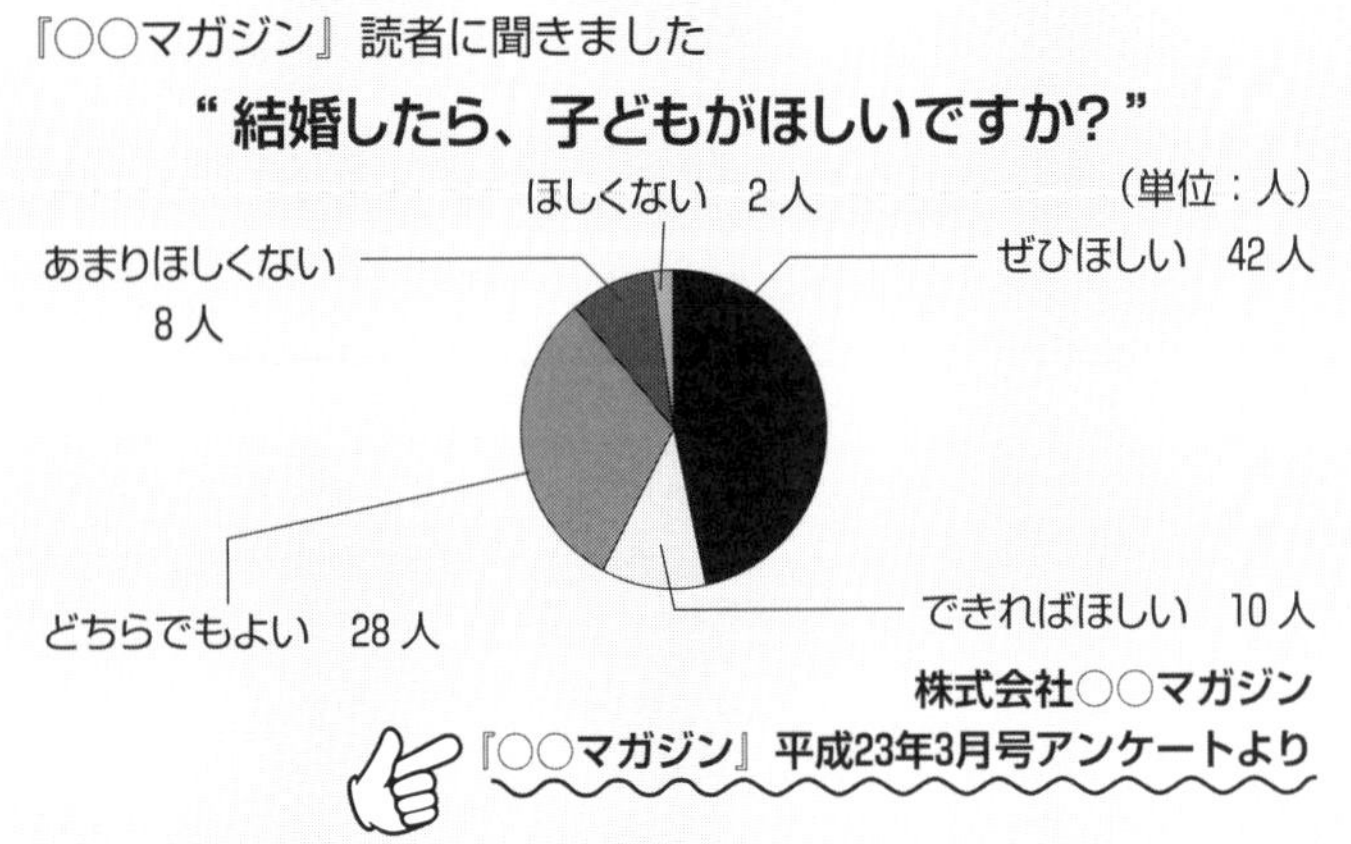

◉同業他社のデータを表示するときは、社名を匿名表記にする

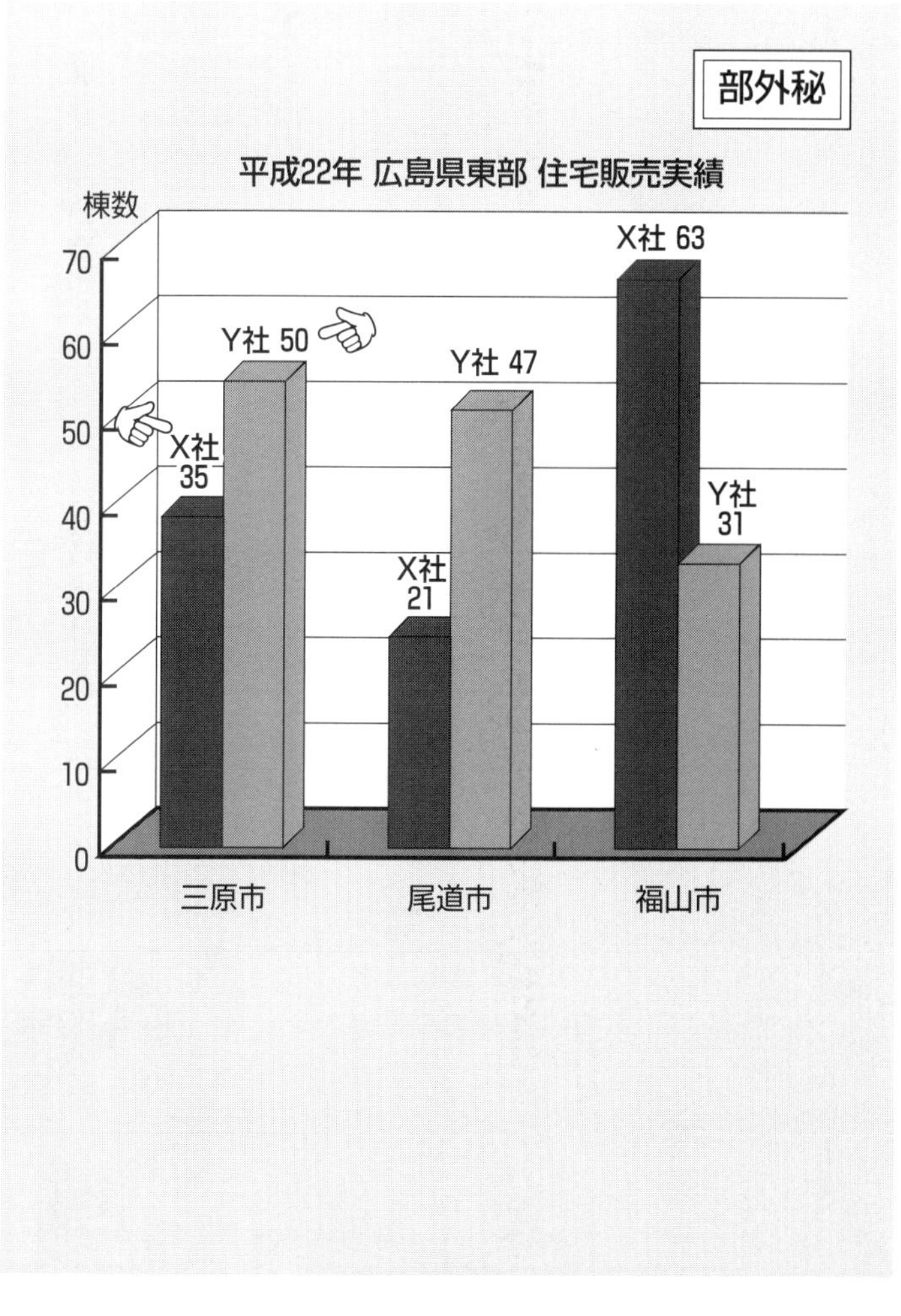

Q42

最終確認

プレゼン前に自社で最終確認することはありますか？

明日はプレゼンの現場に直行です。確認する点や準備を始めるタイミングを教えてください。

A

日時・場所・持ち物を再確認し、前日から準備します

●日時・場所

まずは日時・場所の確認です。そこに行くための交通手段も調べておきます。何人かで行く場合は先方の会社の建物の前に5分前に着くよう、最寄り駅にはそれ以前に着く乗り換えを調べておきます。

訪問先の事業所、あるいは別館やフロアなども正確に確認します。受付で入館手続きのあるようなオフィスではその時間を考慮しないと、担当者のいるフロアや指定された場所に遅れることもあります。なお、待ち合わせに遅れる人が出た場合はほかの人だけでも現地に向かってください。

●持ち物

持ち物にはプレゼンに必要なものと自分に必要なもの、２種類があります。

・プレゼンに必要なもの
パソコン、ケーブル、プロジェクター、データ（通常のものとＰＤＦ化したもの）の入ったＵＳＢメモリなど。配付資料。台本。先方から出された課題などの資料類。指示棒。筆記具（メモ、ペン、付箋、修正液）。初めて訪問する場合は現地までの地図。電車の乗り換え時間を印刷したもの。資料整理用のファイル、バインダー。プレゼンボード。商品サンプルなどの実物。これらを入れて運ぶバッグ。
・自分に必要なもの
携帯電話。メガネやコンタクト。腕時計、卓上時計。往復の交通費。予備の現金（コピー用の小銭が必要）。服装（スーツ、靴下やストッキング）。ビジネスバッグ。個人印。先方の緊急連絡先のわかる名刺など。

これらはすべて前日までに持ち物リストを作成して準備してください。特にスーツなど、いざ朝着て出ようとしたら、シワがあってそのままでは着ていけないということもあります。

Q43

リハーサル

本番をイメージしたリハーサルの必要はありますか？

イメージトレーニングやリハーサルを行う場合、効果的なやり方は何でしょうか。

A 本番に近い状況をつくって、何回もやる必要があります

プレゼン成功のためにはリハーサルが不可欠です。熟練のプレゼンターでもぶっつけ本番では、うまくいくはずがなく、成功するプレゼンターは驚くほど練習を重ねています。リハーサルの際は、部屋の大きさ、聞き手の人数などなるべく本番に近い状況をつくって行います。できれば同僚や友人につき合ってもらい、聴衆役をやってもらいましょう。面前に人がいると、1人でやるときの何倍も緊張します。**緊張を含めて慣れておく**のです。練習相手がいない場合はぬいぐるみや人形を人に見立ててやってみてください。その場合は人形などの目を自分のほうに向けることがポイントです。

リハーサルの際、ステージ上の演台など所定の位置についてから先、いわゆるスピーチの部分からリハーサルを始める方がいますが、それでは不十分です。資料やパネル、筆記具、指示棒などを自分で持ってその場所まで行くわけですから、**持って出る練習**もしなければなりません。私がリハーサル指導したある生徒さんも、最初は大きなボードをキャリーバッグに入れたまま、そのほかの小道具は手に持っていましたが、試験官役の私の前に出るまでにポロポロ落としてしまいました。両手がふさがっていては面接の部屋に入るドアをノックすることも開けることもできません。ボードはどこでバッグから出すか、どちらの手で物を持って、どちらの手でドアを開けるかということまでイメージして練習します。ステージのように階段がある場合は、それをどのように上がって下りるかのイメージも必要ですね。

大きな会場ではマイクを使うこともあるでしょうが、多くはカラオケ店にあるようなコードとつながったマイクです。これを手に持つとプレゼンターの動きが変わってきます。指示棒を持ちスクリーンなどを指し示すのは利き手なので、マイクは反対の手になるはずです。資料などをめくることも考慮する必要がありますが、残念ながら多くの方はここまでのことがイメージできていません。踊りながら歌うアイドル歌手は、マイクを持ち替えるタイミングが厳密に決まっています。皆さん方が成功するためには、それと同じ練習が必要なのです。

Q44

カンニングペーパー

効果的なプレゼン用カンニングペーパーは？

具体的なカンニングペーパーのつくり方や、プレゼン時の使用方法を教えてください。

A

読み上げ原稿ではなく、要点を書いたものが有効です

テレビでは、カメラの方向に原稿が映し出される「プロンプ」と呼ばれるものや、紙に書いた原稿を持った人が前に立ってくれることもありますが、一般的なプレゼンの場では無理です。すると自分の手元に何かを用意することになります。台本もその一種ですが、いくら緻密に作ってもそれを全部読んだのではまさに〝棒読み〟になってしまいます。基本的にはその場で伝える流れはすべて覚えて現場に行きます。〝最初にあいさつをする〟〝この画面を見せたタイミングで、この説明をし、次にこの商品を見せる〟という段取りは事前に頭に入れて行きます。

それでも、何かの拍子にド忘れしてしまったときのためにカンニングペーパー（カンペ）が必要になるのですが、それが小さな文字で書いてあったのでは探すのにひと苦労です。すぐ見つけられるよう、重要な箇所のポイントを大きな文字で書いておきます。付箋を利用して、〝操作に注意が必要な箇所は黄色〟〝途中で資料を配る箇所は水色〟などのように、目立つようマーキングするのも効果的です。

本当に忘れてはいけない重要事項は**手の平や手首の内側に書く**といいでしょう。それらの場所は相手からは見えず、自分は見やすいからです。サインペンやボールペンで書いておけば少々のことでは消えません。

カンペとは別ですが、「アンカリング」という手法もご紹介しましょう。船が停泊するとき海に下ろすアンカーに由来していますが、何かを目にしたとき、別の行動を思い出すことに決めておくことです。私は歯を食いしばるクセがあるようで、歯科の先生から「自分がよく見るところ、たとえばパソコンなどにシールを貼り、それが目に入ったら食いしばりのことを思い出して直すようにして」と教えていただきました。プレゼンでは、たとえば「結婚指輪を見たらゆっくり話すこと」と、あらかじめひもづけておくと、プレゼン中でも指輪が目に入るたびにそれを思い出すことができます。「携帯につけたストラップは猫背に注意」と決めておけば、それが目に入るたび、別のことに夢中になっていても背筋を伸ばすことができるというわけです。

Q45

台本

プレゼン台本はどのように作りますか？

本番で自分の台本が読めなかったことがあります。どうすれば使いやすい台本になりますか。

A 改行と字下げで間の取り方を示します

皆さんは演劇やドラマの台本をご覧になったことがあるでしょうか。縦書きで役名の下にせりふがあって、最後にト書き（演出の備考）が書いてあることもあります。

●演劇台本例（縦書き）

菜摘：明日も晴れます。午後は30℃になるそうですから。念のため、日傘と帽子を持
　　って出たほうがいいですよ。（額を拭きながら）

芝居は基本的にせりふを丸暗記するものなのでこういうスタイルですが、皆さんがプレゼンで使う台本は時々目を落とすのですから、まったく別の様式で構いません。そこでテレビのニュースキャスターが読んでいる原稿の書き方をご紹介しましょう。

暗記することはなく、少ない時間で練習して読み上げるものですから、読み間違いのないよう、さまざまな工夫がされています。

●テレビ原稿例（横書き）

明日も晴れます。
午後は30℃《ど》になりますので、
日傘《ひがさ》と
帽子を持って出てください。
ここで、注意したいのが……
（ここでスライドを示す）

まず、スライドや配付資料は横書きなので、視線の移動が上から下ではなく、**左から右になるよう横書き**にします。次に区切って説明したい箇所で改行を入れます。さらに、強調したい言葉のところでは間を置くために、文字の前に余白（「字下げ」）を入れればぐんと読みやすくなります。その際、自分で区別がつくよう好きなだけスペースを空けてください。さらに強調したい言葉はサイズを大きくしたり、太字にしたりするなどして目立たせます。

数字は伝え間違いがないよう〝ここは数字ですよ〟とわかるように○で囲んでおきます。単位も資料では㎢と表示しても、台本には「平方キロメートル」と読み方がわかるようにします。読みを間違えそうな漢字にはルビ（ふりがな）も振っておきましょう。

Q46

メリット

プレゼンで最低限押さえるべきポイントは？

準備時間が短い中で、押さえておくべき内容やアピール方法を教えてください。

A

相手側のメリットを力強くアピールします

今回のプレゼンのゴールは何でしょうか。Ｑ01に戻って、いま一度再確認しましょう。「まずは自社の製品を見てもらう」なのか「自社の製品を試しに使ってもらう」なのか、「自社の製品を買うために契約書を書いてもらう」なのか。そのために相手のメリットになることを提示するという流れがありますが、必ず伝えなければならないのは「あなたにとってお得なので、ぜひ～してください」というポイントです。

セールストークやプレゼンの本に「まず、最初にジョークを入れて、相手の心をつかみましょう」といったことが書かれていることがありますが、プレゼンの相手はそんなジョークを聞くために集まってくださっているわけではないでしょう。よくありがちな市場動向やエピソードを聞きたいわけでもありません。**相手は自分の得になりそうな、役立ちそうな核心部分を知りたい**のです。そこを伝えましょう。

私も時々セミナーで「これをやってみたら、こうなりました」というプレゼンや営業の成功の秘けつを伝えると、「その話を聞けただけでも来た甲斐があった」とか「お会いしてよかった」と言われることがあります。**プレゼンで伝えるのは、私が伝えたい情報ではなく、相手がほしがっている情報**です。プレゼンの成否は相手にメリットのある話題が提供できるかどうかにかかっています。それが出せれば、たとえ今回の目標が達成できなくても、次のプレゼンの機会にも呼んでもらえたり、別の仕事の機会を与えられたりするなど、次につながっていきます。

併せて熱意や必死さが人を動かすということもご紹介しておきましょう。「とにかくこれはすばらしいシステムなのでぜひ使ってみてください」「どうしてもこの会社で働いてみたいんです」といった、台本に書いてきたのではない心からの声が相手に届くこともあります。ダメでもともと言ってみたら、受け入れられたという経験は自分にもありますし、「そこまで言うのなら」と上司がＯＫを出した現場を何度も見てきています。最後は、この「ぜひ！」「どうしても！」と訴えてみることにも挑戦してみてください。

Q47

配布資料

プレゼン内容は配布資料用にまとめるべきですか？

プレゼンの説明内容をすべて参加者への配布資料としてもよいのでしょうか。

A 内容により、渡す情報と渡さない情報とに分かれます

プレゼンの内容をすべて配布資料化する必要はありませんし、聞き手（参加者）に渡す必要もありません。その場限りで見たり聞いたりするだけにとどめてもらう内容もあれば、持ち帰ってよく読んでもらいたいものもあり、情報は何種類かに分かれるからです。渡せない情報とは会社の機密事項や模倣して悪用されそうな情報です。

ところで、プレゼンというのは一過性のもので、いくら熱弁をふるっても、あとから再現はできません。最初に決めた目標達成のためには、聞き手に検討してもらう必要があります。そのためにも、資料ゼロというわけにはいきません。プレゼン内容をあとで思い出してもらうために何らかの書面を持ち帰っていただく必要があります。

これが渡すべき情報になります。

配布資料は厳密に言えば、「プレゼン中資料」と「プレゼン後資料」に分けられます。プレゼン中資料とは、まさにスライドに映し出されているのと同内容のもの。プレゼン後資料とは、データ集や料金表のような添付資料のことです。

資料の渡し方にも一長一短あります。

• **プレゼン前**：聞き手がスライドと同時に手元資料を照らし合わせることができますが、先に最後まで読まれて肝心のプレゼンに注目してもらえない可能性もあります。受付時に手渡しするか、あらかじめ席に置いておきます。

• **プレゼン途中**：資料を見てもらいたいタイミングで渡せることがメリットです。人数が多いときは列ごとで後ろに回してもらうように数を数えて小分けにしておきます。もしくはアシスタント役が配ります。

• **プレゼン後**：プレゼン中は資料がないので、注目は集められます。ただし聞き手がメモしたいときには資料がないという不便もあります。メモ用には概要（目次）だけ入ったレジュメや白紙を配ってもいいでしょう。資料は出口などで配ります。この場合、資料は最後に渡す旨を最初に伝えておいたほうが親切です。

Q48

緊張対策

あがり症はどうすれば克服できますか?

人前で話すことが苦手です。緊張せずにプレゼンやスピーチを行う方法を教えてください。

A

苦手意識を捨て、人前で話す回数を意識的に増やします

あがり症が治る注射や飲み薬があるといいですが、そんな良薬はありません。

私がある社会人対象の学校に通っていた時のことですが、最初の自己紹介をするときマイクを持つ手が震えていたクラスメイトが何人かいたのを知っています。けれどもその学校ではことあるごとにプレゼンの場があり、半年たって卒業するころには、その方々が見違えるほど堂々とした人に変わったという実例を見ました。プレゼンや発表の頻度は1講義に1回くらい、1日4講義ありましたから、それくらいの頻度でやればだれでも慣れてくるということです。

プレゼンやスピーチにうまいもヘタもありません。練習回数の問題です。皆さんは

〝あの司会者やあのアナウンサーはプロだからスピーチやアナウンスがうまい〟と思っているかもしれませんが、それは違います。プロこそ何度も練習して本番に備えています。プロと皆さんとの違いがあるとするなら、それは練習の回数や時間の長さの違いかもしれません。

５分のプレゼンでも1回目よりは2回目、５回目よりは10回目のほうが必ずうまくなっているのは自分でも確認できます。練習方法は、①台本を見ながら自分１人で、②鏡に向かって、③固定ビデオで撮影して、④聴衆役を練習台に、とレベルアップさせていきます。１回やるごとに自分、他者の気づきや反省点を書き留め、次の回に向けての改善を加えます。すると、１回目と10回目でははっきりと違いがわかります。10回練習していったプレゼンとぶっつけ本番のプレゼンではその差は歴然です。

そのための日ごろのトレーニングとして、**つねに〝一番に〟話す**ことをお勧めします。ちょっとした会合での自己紹介、セミナーで「質問のある人？」と言われたときなど、とにかく一番に手を挙げて発言するのです。一番に終われば、じょうずな人のスピーチを聞いてどきどきしながら自分の番を待つことはありません。自分の番のあとは聞いているだけなので気が楽です。さらに、最初に手を挙げてスピーチした人ということで、その場にいた全員から記憶されやすくもなるという一石二鳥の方法なのです。

Q49

質問

プレゼン中の質問への対処方法は？

プレゼンの最中に、相手から質問されました。質問にはその場で答えるべきですか？

A 質問は最後にまとめて答えると伝えて、先に進みます

プレゼン中に急に発言されると動揺してしまいますよね。分秒まで正確に進行を決めていた方なら予定が大狂いです。その場合は「質問やご意見は最後にまとめてお答えします」とお願いして次に進みます。プレゼン内容を確実に伝えきることが優先です。

そのように伝えたからには必ず最後で質問に答えなければなりません。あとで答えられるようにメモに控えておきます。その時間がやってきたら「先ほどのご質問は、～でよろしいでしょうか」「違うようでしたら、もう一度質問をお聞かせ願えますか」と改めて質問を繰り返してもらったうえで回答します。

よく見受けられるのが「まず1番目は、～は～か？　ということ。2番目は、～はどうするのか。３番目は、～の方法も教えてください」といくつもの質問をかぶせてこられる方です。こうなると、メモをとっていないと回答もできません。プレゼンターのほうも「１番目は～です。２番目のご質問は～です。３番目の質問は～になります」と区切って答えてあげましょう。

できれば、**質問は１人１つと決めたほうがスムーズに進行**します。最後に、その質問者の顔を見て「よろしいですか」「ご理解いただけましたか」と同意を得るようにします。ある程度質問を予想して、問答集（Q＆A）や関連資料を準備しておくと回答に困ることがありません。会場が広い場合は全員に質問内容が聞こえるよう、質問者用のマイクを別途準備するか、プレゼンターが質問内容を復唱します。

ところが、時間がオーバーして会場を退出しなければならない、プレゼンターが急用で帰るなどの事情で回答できなくなることがあります。その場合は、最後に名刺を渡す、ホワイトボードにメールアドレスを書くなど短く自分の連絡先を伝えて、「質問を送ってくだされば後日お答えします」とお願いします。プレゼンという短い時間の中でも「あの人は約束を破った」と思われることが一番のダメージなのです。参加者のメールアドレスがわかれば、どのような質問に対し、どのように答えたということを全員に送信したほうがより丁寧です。

Q50

話し方

「小声」や「早口」の直し方を教えてください。

「声が小さい」「早口で聞き取れない」と言われたことがあります。どうすれば直せますか？

A

本番直前までゆっくり大きな声を出して準備をします

これはスピーチの特訓をするしかありませんが、最も即効性があるのは努めて〝ゆっくり話す〟ことです。ゆっくり話せばたいていの人は余裕があるように見えます。たとえばアナウンサーのようなプロの話し手でも、ベテランから指導を受けると「早い」「まだまだ早い」と指摘を受けます。普通の人なら〝ふざけているのかと思われるかも？〟と心配になるほどゆっくり話さなければなりません。ゆったりとした語り口で有名な戦場カメラマンの渡部陽一さんになったつもりで声を出してみましょう。

小声でブツブツと練習していては、本番で大きな声は出ません。直前に本番と同じ音量の声を発していないと続けて大きな声は出ないと、私もベテランのアナウンサーから教わりました。待ち時間の廊下あるいはその建物に入る前に本番と同じ大きさ、もしくはそれ以上の声を5分くらいは発してから臨みます。

では聞き取りやすい大きな声を出すにはどうしたらいいでしょう。そのためには**一音一音、丁寧に口を大きく開ける**ことです。ア（口を全開）、イ（口をヨコ方向に全開）、ウ（口をすぼめる）、エ（口をヨコに開き、舌を前に出す）、オ（口をタテに開く）。これを大げさなまでにやります。

特に長い外来語は日本人にとっては発音しにくいので、コミュニケーションをコミニュケーション、シミュレーションをシュミレーションなどのように言い間違えが多くなります。そういうつっかかりそうな箇所は何度も練習しておかなければなりません。アルファベットの頭文字による短縮語も早口では相手が聞き取れません。ＰＴＡやＮＧ、ＥＵなどは日本で市民権を得た言葉かもしれませんが、最近話題になったＥＥＺ（排他的経済水域）などはあまり知られていない言葉なので、「イー」「イー」「ゼット」と大げさに区切って発音するようにします。

ゆったりと話すには最初が肝心です。まず、立ち位置に着くまでにゆっくり歩く、定位置に立ったらすぐ話し始めるのではなく大きな息を吸って、目の前を見渡すなどの、**ゆったりとした動作でリズムを作りましょう**。

Q51

始め方

プレゼンはどのように始めればよいですか？

プレゼンを始める場合のあいさつや、内容を伝える順番を教えてください。

A テーマと概略を伝えて相手を聞く準備に導きます

最初は**あいさつ**から始めます。司会者から紹介がある場合は、まず司会者にお礼を言います。その後「○○の皆さん、おはようございます」というあいさつ、続いて「今日は新製品の説明の場をいただきありがとうございます」のように、プレゼンの機会に対する謝辞を伝えましょう。

その次に**自己紹介**です。社内であれば「営業部サービス2課の遠藤です」といったシンプルなもので大丈夫ですが、初対面の方であれば「発電設備の施工会社、ナナ電気工業 営業部の宇野と申します」と、業態や社名、氏名がわかる紹介をします。

さて、ここからがプレゼンの本番ですが、いきなり本題に入るのではなく、何についての話か、まずプレゼンの**テーマ**を伝えます。同じ人事関係のプレゼンだとしても人事評価の話か報奨旅行の話かによっては、相手も聞く態度が変わってきます。

そのあとでプレゼン**全体の流れ**を紹介しましょう。どれくらいの時間をかけて、どのような順序で進行していくのかという概略です。全体の流れをつかんでいれば、〝全体で30分か〟〝質問するならここだ〟と、心づもりできますね。

「今日は15分のお時間をいただいて、カロリーを20パーセントカットした宅配給食の新メニューをご紹介します。最初に10分ほどメニューの概要を説明したあと、最後に5分ほどご質問をお受けします」のように、大枠を説明します。

これで聞き手は全体が15分で終わることがわかり、〝いつまでこの話につき合わされるのだ〟とイライラすることはありません。最後に質問タイムがあるとわかっていれば、説明の途中で質問を投げかけることもなくなります。あとで質問するために注意深く耳を傾けるようにもなるでしょう。

ここで対象の属性が重要になってきます。聞き手が身を乗り出すような、相手にメリットのあるテーマを投げかけなければなりません。「カロリーが20パーセント低い」という相手にとってのメリットを具体的な数字を交えて伝えれば、聞き手の心をつかむことができます。

Q52

自然なスピーチ

脱線せずにスピーチを行うには？

スピーチの内容が散漫になりがちです。どうすればメリハリをつけられますか？

A

喜怒哀楽の感情を言葉に込めましょう

話が行ったり来たり、同じことの繰り返しになったり……。スピーチの内容が散漫になってしまうということは、ぶっつけ本番で話しているのではありませんか？　それでは、子どもや部下の不始末にカーッとなってお説教をしているのと同じです。限られた時間の中で伝えるためには進行表や台本が不可欠です（Q55の項参照）。決めたとおりに予定の内容を消化していけば、脱線しないはずです。

ただし、台本があればメリハリのあるスピーチになるかといえばそれは別問題です。日常の会話を思い出してください。「社長、大変です。アメリカの工場が台風で全壊しました」と、大ニュースをだれかに伝えようとするときは声も大きくなっているはずです。「この化粧水は朝起きたときに違いがわかるわよ。今までの化粧水とは全然違うもの」とよい商品を人に勧めるときは、うきうきした調子で話しているでしょう。私たちの声はさまざまな場面に応じて、平坦ではなくなっているものなのです。日常生活の中の喜怒哀楽で発しているこれらの言葉をプレゼンのスピーチにも応用します。

喜「この制度ができてからは、家族や友だちにも自慢してるんですよ」

怒「不法投棄をする人は本当に許せませんよねっ」

哀「選挙は残念な結果に終わりましたが……」

楽「世の中にこんな楽しいものがあったのかと驚いています」

うれしいことはうれしいように、腹の立つ問題は怒りを込めて、普段着の声で伝えるだけで、台本を読みあげるだけの場合とは絶対に声のトーンが変わってきます。

話を区切ることも重要です。新製品についてのプレゼンで最初に新機能、次に販売エリアの説明をするとしたら、新機能と販売エリアの間はひと呼吸置きます。販売エリアの話題に移るときは、**「さて皆さん、ここからは皆さんが最も気になる販売エリアの話になります」**、**「そこで、次は利益率を左右する販売エリアの話題に移ります」**などと、〝ここから完全に話が切り替わりますよ〟という一言を、直前より一回り大きな声で伝えれば聞き手の気持ちが引き締まります。

Q53

注意を集める

聞き手の注意が散漫になったときの対処法は?

プレゼン中、聞き手が居眠りを……。
どうすれば聞き手を注目させられますか?

A 場の雰囲気を変える試みをプレゼンに取り入れましょう

私にも経験がありますが、聞き手の中に寝ている人、あるいはパソコンや携帯をいじっているような人がいたら「私の話がつまらないのだろうか」と不安になってどうしてもそちらばかりを目で追ってしまいます。気もそぞろではプレゼンが成功するはずはありません。なんとしてもその場の雰囲気を変えなければなりませんので、一方的に話すだけでなく、相手に考えさせたり、動きを交えたり、メリハリをつける工夫が必要です。

演台やホワイトボードのそばで話しているなら、その居眠りしている方のほうに向かって少し歩いてみましょう。近づくことによって、相手にとっては声が大きく聞こえるようになり目が覚めることもあります。それでもダメなら、しばらくその場で話を続けたうえで、一段大きな声で近くの方に話しかけてみます。「ここからスクリーンは見えますか」とか「資料は行き渡っていますか」などでいいのですが、プレゼン全体の流れ・本筋に影響のない話題にします。近くで声を出している人がいれば目も覚めるでしょう。あるいは逆に短時間黙って間を置きます。寝ていない周囲の方が「おや、どうしたんだ？」という雰囲気になってくるので、その場の空気は変わります。

昼食後の午後一番にプレゼンする場合、居眠りが起こるのは当然です。社内セミナーのようなケースなら主催者側があらかじめその場でできる軽いゲームや運動をメニューに組み込んでおくとよいでしょう。私も実際にやっていますが、食後の運動は眠気覚ましに効果てきめんです。このように本題に関係のない寄り道もあるので、予定された**全体時間の１割程度は余裕をみておく**必要があるのです。

ここで逆の立場も考えてみます。自分がだれかの話を聞くとき、居眠りのほか、パソコンや携帯メールを見たりしていませんか。それはこんなにも相手に心配や負担をかけているのです。プレゼンを受ける側は仕事の発注元や上司、先生などプレゼンターにとっては目上にあたることがほとんどですが、だからといっていいかげんに聞いてよいというわけではありません。つねに誠意をもって傾聴する姿勢を持ちましょう。

Q54

スライド

プレゼンを「紙芝居」にしない方法はありますか？

スライドの内容をすべて読み上げたため、「資料だけほしい」と言われてしまいました。

A 読み上げるような文章をスライドに載せないことです

この場合は、スライド以外に台本がないからスライドを読み上げてしまうのです。そのうえ、読み上げられるほどの量の文字がページの中に詰まっているということでしょう。スライドは遠方から〝眺める〟ものですから、〝読む〟ほどの文章が入っていること自体に問題があります。スライドの文章は、グラフや図などのビジュアルをメインに、短文か単語があしらってある程度で十分です。

スライドが配布資料と同じだと「聞いている時間がもったいないから、資料だけ渡してくれ」ということになります。注意事項や詳細なデータなど、文字や数字で正確に伝える必要のある情報は別途、配布資料として渡します。例えば1カ月の株価の動きを紹介する場合、スライドでは棒グラフで大まかな推移を見せたとしても、資料では毎日の数値や曜日、備考などを表組みですべて見せるといった具合です。スライドはタイトルの入る上部を除いて、天地左右めいっぱいレイアウトできますが、配布資料はホチキス留めや製本の分の綴じ代を考慮しなければなりません。配布用の資料はスライドのデータをそのまま印刷するのではなく、綴じ代をとったレイアウトを別途準備します。

紙芝居にはまねができないスライド（パワーポイント）の特徴は何でしょうか。まずは**画面の切り替えや文字やビジュアルを登場させる動き**が挙げられます。せっかく動きがつけられるなら、そのタイミングで切り替え言葉を挟みます。「が、次の瞬間」とか「開発は停止していたとだれもが思っていたところ……」などと前振りをしてから次の画面を出せば、注意を集めることができます。

そのほか、**動画を埋め込む**こともできます。体操やダンスの振りなど「１・２のカウントで右手を斜め上に上げて、３・４で左手を斜め上に上げて」と言葉で説明するより、動画で見せれば一目瞭然です。着物の着付け、料理の手順、実験など、その場で再現できない動きは動画に撮っておいたものを貼り付けておいて、その場面が来たらスタートさせます。会場の反応を見ながら、何度でも繰り返すことも可能です。

Q55

パニック

プレゼンで頭が真っ白になったときの対処法は？

言葉が出なくなってしまったプレゼンを自分のペースに戻すにはどうすればいいですか？

A 留意点のメモを見える所に掲出しておきます

頭が真っ白になる原因を考えてみましょう。急に聞き手から質問が来た、ヤジや嫌みを言われた、関係ない話を振られてしまった……。

今この本を読んでいるあなたは、もうプレゼンではそういうことが起こるとわかりましたね。ならば、こういう事態が起こることを前提に対処法を考えていきましょう。

まずは、説明する概要を何点か（①メリット　②価格　③納期など）をメモに書き出して、演台の上に置いておきます。それを見て〝そうそう、次は価格を説明するんだった〟と思い出すようにします。ほかにも、つまずきそうな箇所やどうしても伝えなければいけない重要ポイントには台本内に付箋やマーカーで目印をつけておきます。

何かが起きても最悪、この2点だけは伝えると決めているようなことがあれば、台本内を探さなくても目につくようにしておきます。付箋なら終わった部分を外していけば、進行するにつれて言わなければいけない残りの部分が減っていくので、探しやすくなるでしょう。

　パニックに陥ると、台本を用意してあっても、自分が今どこをやっているのかがわからなくなります。それを防ぐために、私は**説明が終わった部分の台本を斜線で消していく**ことにしています。何色でもいいですが、カラーペンを使うと、どこまで終わったかが一目でわかります。次は線で消してない所から再スタートすればいいのです。

　言葉が出なくなったら、プレゼンの途中でも構わないので「失礼します」と声をかけて、**深呼吸を3回**してみましょう。3回吸って吐いている間に次のことを考える時間ができます。その際、大きく口を開いたら聞き手に見えてしまいますので、口をうすく横開きにして口と鼻から吸います。大きく咳払いして声が出るかも確認します。その際に、マイクから顔をそむけて音を拾わないようにします。

「しまった、ここでこのことを伝えるはずだったのに、言い忘れた」と気づいたような場合は、最後に「伝え忘れたことがあったので、補足します……」と前置きして、つけ加えても結構です。

Q56

持ち時間

どうすれば所定の時間内に終わりますか？

所定時間に合わせてプレゼンを終了し、先方の印象を上げるにはどうすればいいですか？

A

組み立てには1割ほどの余裕を入れましょう

人間の感覚はもともと不確かですが、中でもアテにならないのが時間の流れです。感覚だけで1分を計ることができる人などほとんどいません。それが持ち時間5分とか15分となるとまったく体感できなくなるので、プレゼンの時間を与えられたら、時間内に収まる台本を書いて準備します。

進行表は〝1番目にこれが来て、次にこれをやって〟という流れを示すものですが、それだけでは不十分です。経過タイムも考慮し、あいさつの言葉、口から出る言葉をすべて書き起こした台本を作ります。あいさつに35秒、導入で20秒、本論の1項目で2分40秒……と**分だけでなく、秒単位で全体時間を割り振っていきます。**

そんな細かいところまで？　と思われるかもしれませんが、テレビの生番組などはこのようにして時間を組み立てていくので1秒たりともオーバーすることなく所定の時間内に収まっているのです。プロでもそうやって時間管理をしているわけですから、計画なしに始めても時間どおりに収まるわけがありません。２時間とか半日のような長時間ならある程度の調整もできますが、３分や5分という短い時間の場合は、秒単位の組み立てがなければ時間どおりには進行しません。決められた時間内に終わらないのも困りますが、時間が余りすぎてもダメなのです。

予定より早く終わる人はまれで、途中で詰まったり、ど忘れして資料を探したりで時間が不足する方がほとんどですから、組み立てには1割ほどの余裕をみておきます。全体が3分であれば１８０秒なので18秒の余裕を残して、１６２秒で組み立てます。

台本には「まず最初に」とか「ところで」など、文と文をつなぐ、切り替えの言葉も書いておきます。これらは本番のアドリブで出てくるような言葉ではありません。台本ができ上がったら、それをもとに時間内に終わるよう練習します。5回くらいやってみて時間オーバーになるようであれば、それは詰め込みすぎなので、何かをカットしなければなりません。文字や単語をちょこちょこカットしていたのではあまり減りませんので、どこかのパートを丸々一つ落として調整します。

Q57

目線

プレゼン中、目線はどこにやればいいですか？

プレゼンする相手が一人の場合、複数人の場合の目線の置き方を教えてください。

A 相手が一人でも何十人でも目を見ます

「プレゼンではアイコンタクトを取れ」とはよく言われることです。子どものころに経験があるかもしれませんが、心にやましいことがあると、親や先生の目が見られないものです。その逆で、**目線を合わせることは、誠実で堂々とした印象を与えることができます**。

目を見て話すことによってプレゼンターも「私は真剣」というメッセージを発信することになりますし、聞き手のほうもプレゼンターに対して「私も真剣に聞いてますよ」というメッセージを出すことになります。試しに、だれかにずっと下や横を向いて一度も目を合わせない状態を作ってもらって話をしてみてください。この状態で話し続けるのは本当につらいものです。目と目が合うというのは良好なコミュニケーションが行われている証しなのです。

けれどもアイコンタクトは基本的には1対1でしか取れないものです。大勢と取りたいときには、次々と違う人を見ていくしかありません。2～3人が横に並んでいる状態ならレーダーのように左から右、右から左と見ていきます。次に、教室やホールのように大勢が座っている場合ですが、Z字を書くように部屋の前から横に右から左、また左から右とジグザグに後ろまでいきます。最後列までいったら今度は前に向けて、を繰り返して、まんべんなく視線が行き渡るようにします。中には目線を向けると急にそっぽを向いたり、うつむくような人もます。〞この人は目を合わせるのが苦手そうだな〟と感じたら短く見るだけにして、次の方に移りましょう。

まれに1対1のケースもあるでしょうが、面と向かってずっと目をみつめていたのでは相手の方が疲れますので、そういう場合は顔のちょっと下、ネクタイの結び目あたりと相手の目を交互に見るようにします。

Q58

ジェスチャー

声以外にプレゼンで有利になるポイントは?

声の出し方以外で、さらにプレゼンを効果的に伝える方法はありますか?

A

伝えるものを指し示す身振り手振りを加えましょう

声は悪いよりいいに越したことはありませんが、声質や音量は実はプレゼンにあまり関係ありません。けれども、対面プレゼンでは、あなたの姿を相手に見せているわけですから、声とは別の要素で伝えていくことができます。たとえば身振り手振りです。というと、皆さんが思い浮かべるのは欧米の俳優があきれたときに両手を脇のヨコに出して持ち上げる「オー、ノー」というような大げさなジェスチャーかもしれません。

そうではなく、プレゼンに必要なのは**説明するべきものを〝指し示す〟**ことです。「今回事故が発生しているのは秋田、新潟、高知です」と説明したいときは一続きで読み上げるのではなく、スライドに映っている日本地図上の秋田、新潟、高知のあたりを

1カ所ずつゆっくり指しながら説明していきます。スライドがなければ、配布資料や地図を見せて示します。テレビの天気予報を注意深く見ていたら、気象予報士は日本地図を丁寧に指しながら説明しています。これがお手本になります。

見せるビジュアルがないときでも一緒です。心の中で、1カ所ずつ指し示しながら説明します。そうすることで、早口な人もおのずとゆっくりとなり、聞き手のほうも1カ所ずつ理解していくことになります。

プレゼンは3点で伝えていくことが基本ですが、「1つ目は……、2つ目は……、3つ目は……」というときも、自分の指を立てて1、2、3の数を見せます。数字が増加する説明のときは手のひらを上に向け、減少する説明なら手のひらを下に向けることでも上がる、下がることを直感してもらえます。聞き手のどなたかを指名するときも「そちらの方」と手のひらを上に向けて差し伸べるようにすれば、当てられた方もすぐ自分のことだと気づきます。日ごろやっていない人は自然にジェスチャーが出てくるものではないので、台本に〝ここで指を1本立てる〟と備考を書いておいてもいいでしょう。

こういう場面でこういうジェスチャーをすることという決まりがあるわけではありませんが、日常生活でやっているとおりのしぐさをプレゼンの中でも流用しましょう。

Q59

時間の管理

所定時間がオーバーしたり、余ったりしたときは？

プレゼン時に、所定時間を守れなかった場合の対処法を教えてください。

A オーバーしたら延長、余ったら意見交換の場にします

余裕の時間を盛り込んだ台本を書き、何度も練習して行くのですから所定の時間に終わるはずですが、それでも終わらなかったときのことを考えてみます。

まず大事なことは**自分で所定の時間に達してしまったと気づいているかどうか**です。先方にタイムキーパーがいて、ストップウォッチのピピピという音が鳴り響くかもしれません。それは「はい、そこまでで終了」という意味です。所定時間に気づくためには、自分で用意したタイマーを卓上に置き、スタート時にスイッチを入れ残り時間が見えるようにします。アラーム音は切っておいてください。

自分で気づけたなら、「所定の時間がきましたが、最後にもう一点だけお伝えしたいことがあるので〇分だけお時間をいただけますか」と申し出ます。このとき「あと少し」ではあいまいです。1分か2分程度であれば許容範囲でしょう。了承が得られたら、最後に伝える予定だった点を短く伝えます。

次に時間が余った場合です。まずは質問を受けてみましょう。質問を受けてそれに答えていれば5分くらいは過ぎていきます。それでも余ったら次の質問を受けつけます。問題は「何か質問は？」と投げかけても、質問が出ないときです。そういう場合は、「この価格設定はいかがでしょうか？」「こちらのシステムの入力操作について、ご不明な点はありませんか？」などと、具体的に示して質問を促します。

聞き手から引き出すのは質問だけとは限りません。「～について、感想やご意見がありますか？」「反対のご意見をお持ちの方がいらっしゃればお聞かせ願えますか？」と、テーマについて意見交換の場にしてもよいでしょう。

あるいは、30秒、1分などプレゼンに関係のある小ネタを用意しておきます。たとえば、新製品のプレゼンならば開発のエピソードや開発に関わったスタッフの周りに起きた出来事などです。すぐ切り替えられるように、付箋などで「30秒／設計の山田さん」「1分／スタッフ泊まり込みの話」のようにそのネタを演台の内側や台本など自分から見える所に出しておきます。

企画構成
文章
図解
提出方法
準備
スピーチ
PC操作
プレゼンツール
マナー心構え
内容確認
失敗を挽回
プレゼン終了後

Q60

内容の変更

プレゼンの内容は毎回変えたほうがよいですか？

同じ商品やサービスをプレゼンする場合、その都度内容を変えるべきでしょうか？

A

相手が違えば同じプレゼン内容で大丈夫です

自分の職場が変わらなければ、扱う製品やサービスは同じです。つねに同じ製品AやサービスBを、X社、Y社、Z社と別の相手にプレゼンすることになる場合は、毎回同じプレゼン内容で問題ないでしょう。**むしろ同じ内容で繰り返して、上達することを目指す**べきです。3回続けると、だれでも1回目よりは上手になっているはずです。毎回同じ内容でいこうと決めていても、繰り返しているうちに、先方から指摘を受けたり、自分でも問題点に気づくなどして、改善が加わっていくものです。自然にまったく同じ内容ではなくなっていくでしょう。

次は、1次審査を通過して、2次審査に進むような場合です。1次審査が担当者レベルならば、２次審査は役員クラスなど、メンバーは変わりますからプレゼン内容は同じでも構いません。同じ製品やサービスについて、伝える骨子などそうそう変わるものではないでしょう。ただし、１次審査のときに気づいた問題点は改善したり、言い足りなかったりしたことを加えることは重要です。

ただし、参加者の属性から内容を変えることはあります。外国企業との合弁のプレゼンで、１次審査が担当者レベルで、２次審査が執行役員レベルだった場合などです。２次審査は１次審査より高度な内容にすべきというわけでもなく、財務担当、国際担当、営業担当、システム担当などさまざまな分野のトップが相手なら、共通する知識にそろえる、つまり１次審査より簡単な内容にするということもあるのです。

Q61

アンケート

配布アンケートの記入率を高めるには？

プレゼンの最後にアンケートを配布しています。多くの参加者に記入してもらうには？

A 使用の目的を明示して、記入者には特典をつけます

インターネットでも紙でも個人情報が悪用されることを懸念して「うかつにアンケートに答えてはいけない」という風潮がありますので、アンケートを記入していただくのは年々難しくなってきています。そこで、なぜこのアンケートを取るのかという趣旨と利用範囲を明らかにしてあげれば、記入する側も安心できます。

- 「このアンケートは製品（サービス）の向上のために、参考にさせていただき、統計以外の用途に使用することはありません」
- 「アンケート集計後は責任をもって断裁処分いたします」

などのお断りです。今後の販促などに役立てるために情報を集めるわけですから、

企画構成
文章
図解
提出方法
準備
スピーチ
PC操作
プレゼンツール
マナー心構え
内容確認
失敗を挽回
プレゼン終了後

・「ＤＭを送ってもよろしいですか」→住所を使ってもよいかの確認
・「メールマガジンを送信してもよろしいですか」→メールアドレスを使ってもよいかの確認

などの項目を設けて、ＯＫなら活用しても結構ですが、不可というのに送られてきたのでは、〝やっぱりアンケートの情報を使っているじゃないか〟と不信感を招きます。ましてや、その情報が外部に渡って、別の企業・団体からＤＭやメールマガジンが届くようになるなどもってのほかです。

コンサートのプログラムにはさまっているように、**プレゼン開始前にアンケート用紙を配っておく**ことも重要です。そうすれば、始まる前の空いた時間や休憩時間に氏名、住所などわかる範囲で書いておけます。設問を見て、あとでどういうポイントについて答えればいいかということを知ったうえで話を聞くことができるという利点もあります。全員に筆記用具を配布するとか、持ち合わせてない方には筆記用具を貸し出しますというアナウンスも必要でしょう。

また、答えるだけでその場で粗品がもらえるというシステムも効果的です。別にそれがほしくて来場したわけでもないのに、何かもらえるとなると「じゃあ書いておくか」ということになります。

Q62

記憶

参加者に必ず覚えてほしい点を記憶させるには？

プレゼンの中でどうしても覚えて帰ってほしい事項を、相手の記憶に残す方法は何ですか？

A

最初と最後に伝え、最後に念押しの唱和で刷り込みます

必ず覚えてもらいたいことは10も20もあるわけではありませんね。まずは1点に絞り込みましょう。それをプレゼンの最初に伝えます。「今日は皆さんに1つだけ覚えて帰っていただきたいことがあります。それは〝災害準備は水の確保〟です」のように宣言し、その後、本論で、理由や方法などを伝えていきます。そして、最後でも「今日のおさらいをしますと、〝災害準備はまず水の確保〟です」と繰り返します。併せてスクリーンや資料でもドカーンと「災害準備は水の確保」と出しておきます。

さらに「災害の準備は……。はい、皆さんご一緒に」「水の確保」と復唱を促します。最初は返ってくる声も少なく小さいと思いますので、再度掛け合いをやってみましょ

◉ハガキサイズカードなら伝えたい情報を手渡しできる

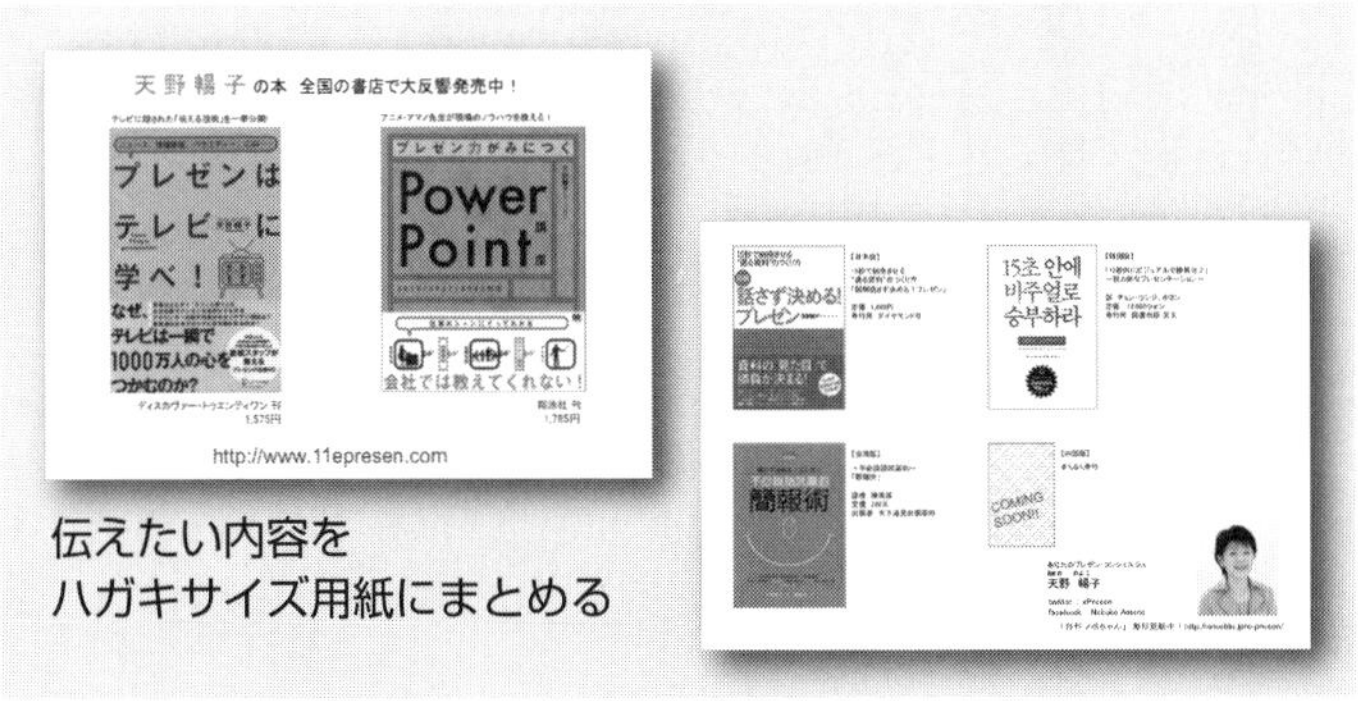

う。ここまでやって、「災害の準備は食料の確保」と間違えて記憶する人はいないはずです。

伝える時間がないというときのために、私はいつも**ハガキサイズのカード**を準備しています。私の場合、ことあるごとに「できれば私の本を買ってくださいね」と伝えたいのですが、書名や出版社名などをホワイトボードに書いている時間もありません。そんなときに「これに全部出てますから」とカードを手渡しします。Ａ４の資料をコピーして渡せばいいようなものですが、それではダメです。Ａ４サイズではもらっても持ち歩きに困りますし、名刺サイズでは小さすぎてほかのものに紛れてゴミ箱行きになってしまう可能性があります。その点、ハガキサイズなら男性のポケットに入りますし、女性のバッグにも入ります。硬いので折れ曲がることもありません。

Q63

終わり方

プレゼンはどう終わらせればよいですか？

プレゼンの効果的な締め方や、プレゼン結果の尋ね方を教えてください。

A 決定に向けての念押しをして、感謝の言葉を述べます

Q37のとおり、導入、本論、まとめと進んだら、最後に再度、プレゼン全体を振り返っておさらいをします。「今日お伝えしたのは1つ目が……、2つ目は……、3つ目が……でした。これらのことから……のようなメリットがあります（問題が解決できます）」と締めくくります。ここまでは言わば、一方的な発表や説明でした。最後に相手に決定してもらわなければプレゼンは終わりません。なかなかその場で結論が出ることはありませんが、「ぜひ、当社（私）の提案に決めてください」というお願いは宣言してこなければなりません。

なしのつぶてにならないよう、**結果はいつごろ出るのかを尋ねます**。切り出しにく

◉最終画面には連絡先などを入れる

名入れデコペンなら王子ギフト
ホームページですべてのデザインを
ご覧いただけます。
名入れペン　王子
検索
(株)王子ギフト
電話　(03)1234 - 5678
担当　山崎（やまざき）
社名、連絡先、
担当者名を
明記する

いことではありますが、「資材や人員を確保する都合があるので」などの理由を出して、「○日までにお返事がいただけたら助かります」という言い方はできます。「よいお返事がうかがえるよう、準備をしてお待ちしています」のように、相手にやる気を見せる発言で終わります。

　最後の最後には「今日は提案をさせていただく機会をいただき、ありがとうございました」とお礼の言葉を伝えましょう。

　プレゼンのラストでよく見受けるのが、スライドと配布資料の最終ページの「ご清聴ありがとうございました」などのあいさつ画面です。これは口頭でのあいさつですので、文字で見せておく必要はありません。プレゼン終了時までスライド画面は出ていますので、そこで見せるものは社名やプロジェクト名、連絡先などにします。

Q64

パワーポイント

プレゼンではパワーポイントが必須ですか？

パワーポイントを使った資料の特徴やパワーポイント以外の資料の種類を教えてください。

A パワーポイントがなくてもプレゼンは可能です

パワーポイントはマイクロソフト社のプレゼンテーションソフトです。略して「パワポ」と呼ばれることもあります。欧米ではスライドでスクリーンに投影して見せるための使用が主流ですが、日本ではプレゼン資料を作るほうが多いようです。文字や図形などが好きな場所に配置できる画用紙のようなものだと思ってください。画用紙に表現したお話をめくって紙芝居を見せるイメージです。クリックすると次々とスライドが現れ、テレビのように文字や図形が途中から出るような動的な演出も可能です。スライドごとに注意書きをつけることもできるので、スライドとリンクしたプレゼンの台本も準備できます。スライドの並べ替えは自由自在です。カードや付箋の感覚で文字を入力し、並べ替えれば、アイデア出しや構想を練るときにも活用できます。パソコン上で図形を描くには最も便利なツールでもあります。

このようにパワーポイントはいろいろな使い道があって便利なソフトではありますが、プレゼンに必須というわけではありません。スクリーンやプロジェクター完備の環境は少ないので、スライドで見せる機会もそうあるものではありません。紙に印刷して手渡す資料ならば、ワードやエクセルでもパワーポイントと見た目は変わらないものが作成できます。実際のところ、私もエクセルで作成したプレゼン資料を受け取ることが少なくありませんし、透明なフィルムにマジックで書き込んでスクリーンに投影する「ＯＨＰ」もまだまだ健在です。

パワーポイントの大きな特徴は**ページ（スライド）が次々変わること**です。ワードやエクセルは次のページへの切り替えに時間がかかるという難点がありますがＱ36で説明しているＰＤＦ形式で保存すれば、比較的早く次のページに進むことができます。

文字や図形を見せて説明するという意味では手書きでプレゼンボードを作ってもいいですし、模造紙やスケッチブック、ホワイトボード、黒板などに書きながら説明してもいいのです。商品などであれば実物を見せるのが一番です。

Q65 プレゼンソフト

プレゼンで注目されるソフトやツールは何ですか？

パワーポイント以外のソフトやツールを使って、注目を集める方法を知りたいです。

A Macユーザーならkeynote+iPadです

パワーポイント以外のプレゼンテーションソフトは、Mac向けのKeynote（キーノート）が有名です。もともとMacはグラフィックに強いパソコンで、デザインや映像関係者に支持されてきました。**クリエイティブ志向の強い対象者向け**のプレゼンなら断然Keynoteです。

ただし、世界中の9割以上のプレゼンはパワーポイントによるもので、ウィンドウズ上で作動しています。特に日本ではワード、エクセルの両ソフトと親和性の高いパワーポイントがプレゼンテーションソフトの標準になっています。また、プレゼンに使うパソコンがウィンドウズならKeynoteを使うことはできません。ウィンドウズ利用者にＫｅｙｎｏｔｅのデータを送っても、中身を見ることすらできません。自分でＭａｃを持ち込む必要があります。

けれども、ＭａｃがなくてもＫｅｙｎｏｔｅ・アプリをインストールしたｉＰａｄがあればＫｅｙｎｏｔｅを使うことができます。ｉＰａｄ版Ｋｅｙｎｏｔｅは、Ｍａｃ版に比べて機能が大幅に制限されていますが、Ｋｅｙｎｏｔｅならではの洗練されたスライドは健在です。ｉＰａｄ＋Ｋｅｙｎｏｔｅで、インパクトのあるプレゼンができます。ｉＰａｄとプロジェクターを専用ケーブルでつなげばスクリーンに投写したプレゼンも可能です。

つまり、「Ｍａｃ＋Ｋｅｙｎｏｔｅ」および「ｉＰａｄ＋Ｋｅｙｎｏｔｅ」のプレゼンをするには「ウィンドウズ・プレゼン」とは異なった特殊なプレゼン環境が求められるということです。そうしたＩＴ環境をクリアできるなら、「ｉＰａｄ＋Ｋｅｙｎｏｔｅ」の組み合わせは聴衆の注目を集められるツールだと言えますが、社員に１台ずつｉＰａｄを持たせている企業はまだ少ないので、プレゼンのために本体を個人で購入する必要もあるでしょう。自社のＩＴ環境、プレゼン先のＩＴ環境を総合して考えると、国内ではパワーポイントで資料を作成し、スライドを見せるほうが安全です。

Q66

演出

スライドに凝った演出を入れる方法はありますか？

文字やイラスト、写真などでさらに注目させるための演出方法はありますか？

A パワーポイントで画面や文字に動きをつけられます

まず、1ページ目から2ページ目に移る画面切り替えで、画面が横から入ってくる、上から入ってくる（スライドイン）、前の画面がにじむように消えて次の画面が登場する（ディゾルブ）などの効果がつけられます。〝さあ、ここから次のページに変わりますよ〟と注意させる効果があります。10ページあれば画面切り替えのタイミングが9回もあるので9種類別々の効果をつけることもできますが、それでは聞き手の気が散ってしまうので、最初から最後まで同じ切り替え効果にします。変化をつけるとしても追加で1カ所程度に抑えましょう。

次にアニメーションという効果をご紹介します。スライドには文字やグラフ、イラスト、写真などさまざまなパーツがレイアウトされていますが、それを最初からすべて見せるのではなく順に表示することができます。説明のタイミングに合わせて図形や文字を同時に出したい場合に便利です。こちらもいろんな方向から出てきたり、回転させたり、種類豊富な動きが装備されています。話すタイミングで順次パーツを見せるという場合に効果的です。初心者がアニメーションを使うとパーツが出ていく一方になりがちですが、順番に出すだけでなく出したものを消すこともできますので、説明が終わったパーツは隠しておくという手法があることを覚えていてください。こちらも、動きをつけることに夢中になってそれが目的にならないよう、**ポイントを絞って使う**ようにしましょう。

ビデオやデジカメで撮影した動画を貼り付けることもできます。スポーツのフォームや調理方法など動きを見せたい場合には、スライドの途中でもクリック一つで動画が再生できます。スライドごとに説明の音声を加えることも可能で、最終的にそれを「ＷＭＶ」という形式で保存すれば、再生するだけで映画やテレビ番組のように音声やＢＧＭや効果音が加わった動画として保存することも可能です。その動画を送れば遠隔地の方にもプレゼンできますし、店頭や展示会の会場でエンドレス設定をしておけば、あなたに代わって何度でもプレゼンしてくれます。

◉画面の動きで演習する方法

[スライドイン右から]

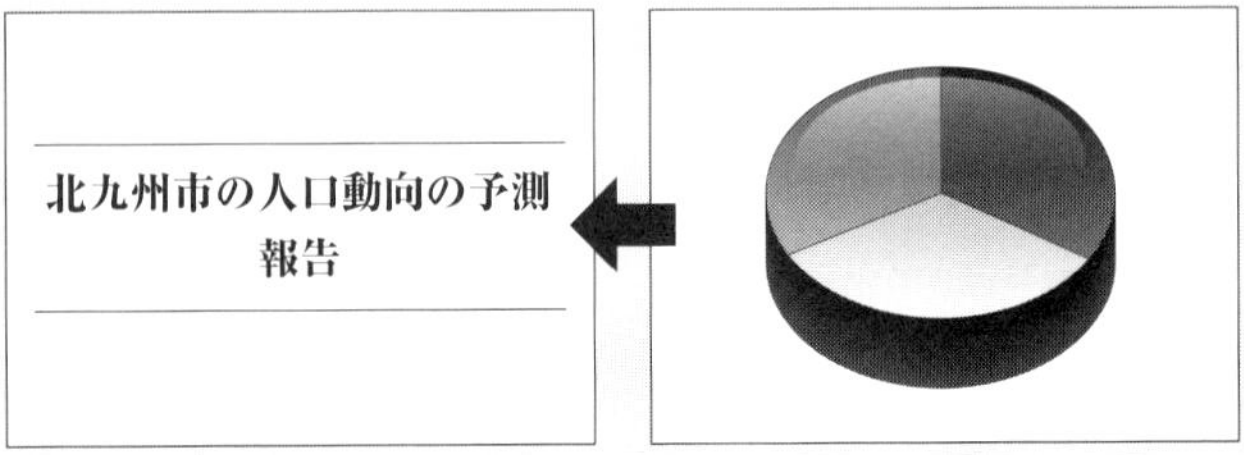

[ディゾルブ]

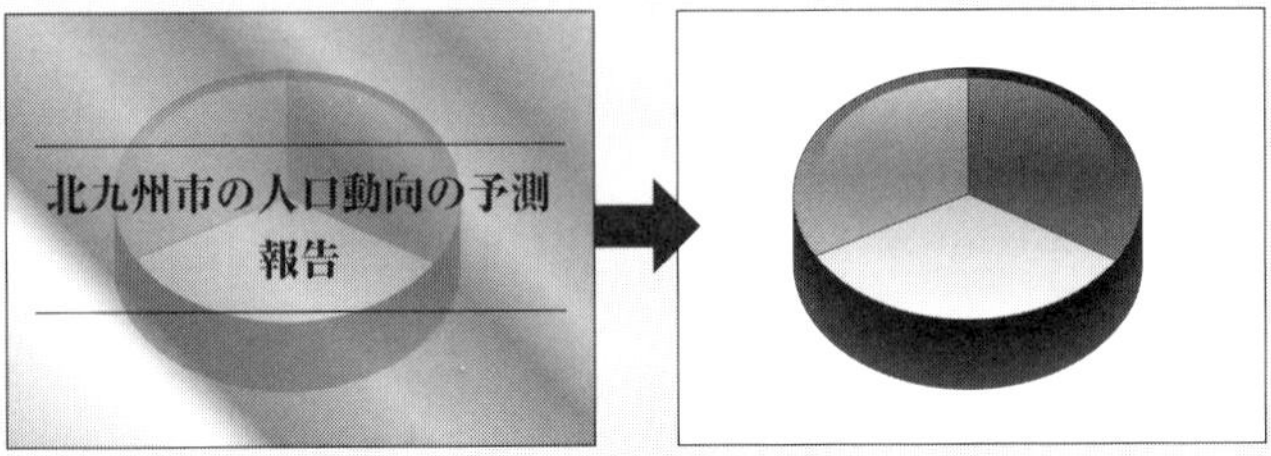

元の画像がにじむように消えたあとに次の画像が出る

[スライドイン上から]

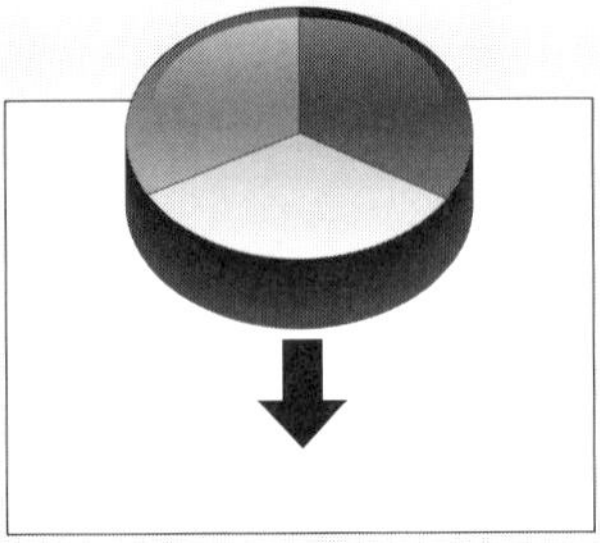

◉パーツの表示で演出する方法

プロの味になる調味料

①オイスターソース
②ガーリックパウダー
③ねりゴマ

◀一般的な画面

プロの味になる調味料

①オイスターソース

◀①を消して

↓

プロの味になる調味料

②ガーリックパウダー

次に②を出す

◀②を消して

↓

プロの味になる調味料

③ねりゴマ

次に③を出す

Q67

写真

イメージ写真の入手方法を教えてください。

商品や企画テーマのイメージ写真を使いたいのですが、どのように入手すればいいですか？

A ネット上の無料素材や貸し出し写真を活用します

イメージ写真ならQ25で紹介した、マイクロソフト社のクリップアートで探すのが最も簡単ですが、気に入るものがない場合もあるでしょう。

次に探してみたいのが、インターネット上で無料の写真を提供しているサイトです。「写真　無料」「写真　フリー」などで検索してみると、素材を提供しているサイトが見つかります。自然、建物、人物、花、夜景、食べ物など多岐にわたる分野の写真を入手することができます。これらのサイトで見つからない写真はないと言っていいほど豊富なストックがあります。

最後に、ある特定の企業や団体でなければ所有していない写真を使いたい場合です。

どこかの地方で1年に1日しかやっていないお祭り、宇宙から見た地球、電子顕微鏡で見た微生物など。お祭りなら自治体の観光協会、宇宙や微生物は大学や研究所などに問い合わせて、用途を伝えて写真を借りる手続きをします。外国のイメージ写真なら、各国が東京に置いている政府観光局や大使館、途上国の写真ならＪＩＣＡ《ジャイカ》などで探すことができるので、世界各国の写真でも割合簡単に入手できます。

ホームページに記載されているメールアドレスや電話から連絡を入れると、申し込み用紙の案内があります。ポジフィルムで貸してもらうこともあれば、サンプルから指定してデータをメールで送信してもらえる場合もあります。

借りた写真を使う際は**提供元のクレジット**を入れなければなりません。「©ＪＩＣＡ」、「提供　東京消防庁」のように入れます。先方から指示があることもありますが、できれば「クレジットはどのように入れましょうか」と確認するようにしましょう。

Q68 文字数・枚数

スライド上の適切な文字の大きさや枚数は？

たとえば10分のプレゼンには、どの程度の文字の大きさで何枚のスライドが必要ですか？

A 基本は44、32ポイント。5ページ以内にまとめましょう

パワーポイントのデフォルト（標準）設定は、表紙のタイトルが44ｐｔ（ポイント）、サブタイトルが32ｐｔ、本文ページもタイトルが44ｐｔ、本文が32ｐｔです。資料だけ作成するのか、同じデータでスライド説明もするのかによってこのサイズは異なってきます。資料のみを作るときに、パソコンの画面でこのサイズを見ると大きすぎる印象を受けるかもしれません。ワードやメールで見る文字は10～12ｐｔなので、確かにかなり大きいです。資料だけなら20ｐｔ前後にしてもいいでしょう。

ただし、スライドでも使う場合はこの44ｐｔ、32ｐｔは必要です。文字が大きすぎてプレースホルダーやテキストボックスに文字が入りきらないかもしれません。けれどもも大きなホールでスクリーンに投影して、最後列から読めるのはこのサイズなのです。**1行に20文字程度**しか入れられません。テレビの画面に出るテロップ（字幕）も16〜20文字程度しか出さないことになっています。それ以上の文字を画面に出しても数秒という短い時間で視聴者が認識・理解できないからです。

伝えたい情報はいろいろあるでしょうが、見ても読めず理解されない文字列を出してもムダです。準備時間に余裕のあるときなら会場でスクリーンに投影して、最後列から読めるかどうかで文字サイズを加減してください。読めるようならもっと小さくしてもよいでしょう。

次にページ数ですが、10分のプレゼンという場合、すべてスライドの説明をするわけではありません。最初のあいさつやまとめ、質疑応答の時間も取りますから、説明に使えるのは7〜8分といったところでしょう。すると5ページくらいが適当です。10枚を超えるようだと、プレゼンターは画面を追うだけで精いっぱいになり、重要なポイントを伝えることが難しくなります。

ではこれが20分、30分となったら2倍、3倍になるかといえば、そんなことはありません。30枚のスライドは相当なボリュームです。ページを見るだけでも疲れますが、動きがついていたらさらに大変です。**30分でも15枚が限度**でしょう。

Q69 紙のプレゼン

パソコンが使えない場合のプレゼン方法は？

パソコン、パワーポイント、スライド以外のプレゼン方法を教えてください。

A 紙製品を使ったアナログツールでビジュアルを見せます

プレゼンといって皆さんがイメージされるのは、パワーポイントで作成したスライドをスクリーンに投影するものでしょう。

けれどもツールはそれ以外にも、ビデオやＤＶＤ、プレゼンボード、ホワイトボードや黒板、ＯＨＰ、インターネット画面などがあります。それぞれ長所や短所はありますが、大前提として、屋外や電源が取れない場所ではＯＡ機器は使えませんので、最初に確認してください。画面は小さくなりますが、ｉＰａｄなどのタブレット型端末なら、ある程度の時間までなら電源がなくても使えます（Ｑ65の項参照）。

ホワイトボードがある場所なら、そこに準備していった地図や図面、模造紙などを貼って見せることもできます。ホワイトボードはほとんどマグネットが使えるようになっていますが、マグネットの有無を事前に確認して、ない場合は持参します。それもない場合は、プレゼンボードを持参します。厚紙に見せたい情報を貼るだけでも十分です。要は、紙がぺらぺらでなく立てて見せられればいいのです。

さらに手軽なのはスケッチブックを利用する方法です。パソコンでデザイン・作成したグラフやイラストを印刷してスケッチブックに貼り込みます。その際、スケッチブックよりひと回り小さいサイズで作成・印刷するのを忘れずに。これならばスライド同様、間を空けずに次々とビジュアルを見せていくことができます。もともと綴じてあるものなので、床に落としてバラバラになったり、順番が変わったりすることもありません。もちろん、スケッチブックに直接、図や絵を描いても結構です。

また、**ボードの裏側にプレゼン内容の縮小コピーを貼り付けておく**と、内容を覚えておく必要がありません。裏側に原稿（台本）を書いておけば前にいる人からは見えないので、プレゼン内容が丸暗記できないと思った人には便利なツールです。

Q70

デフォルメ

エクセルやワードの図表はそのまま投影できますか？

エクセル、ワードの図表や文字をスクリーンに投影する場合の注意点を教えてください。

A 投影できますが、見えやすくするための工夫が必要です

パワーポイントはエクセルやワードとの親和性が高く、投影にも問題ありません。ただ、エクセルやワードはパワーポイントのようにページを順に出したり、離れたページに素早くジャンプしたりすることができません。

その対処法として、エクセルでは**1ページを1シート**に作ります。すると下についているタブを選択すれば次のページでも離れたページでも瞬時に見せることができます。そのままではセルの線が見えていますのでプレゼン用には枠線を消しましょう。

次にワードですが、**PDF形式で保存します**。すると、左側に1ページずつのサムネールが出るので、ページ送りやジャンプが簡単になります。

◉グラフはイメージしやすいようにデフォルメする

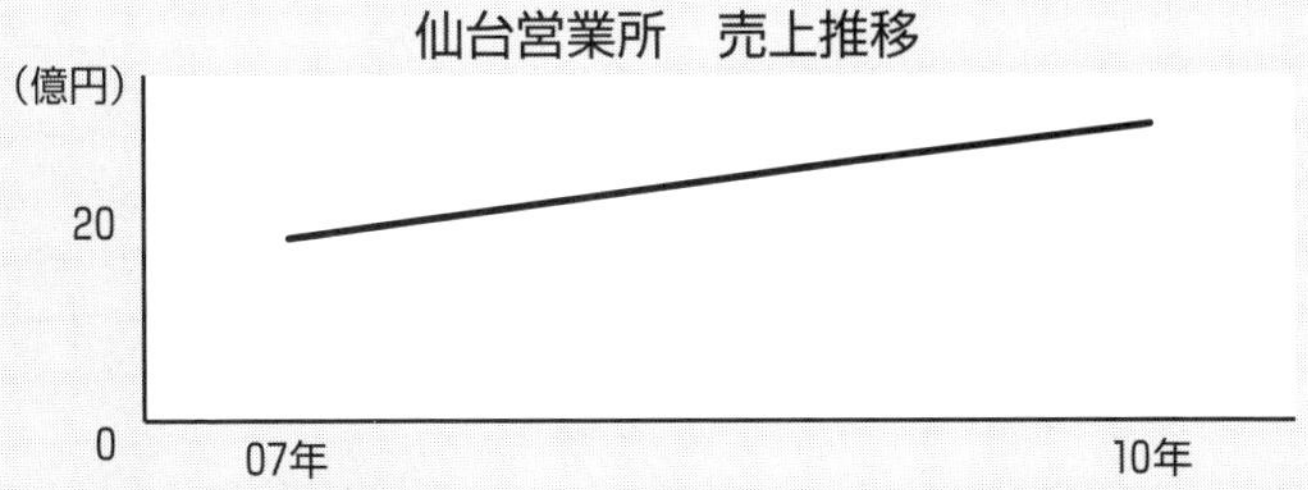

Y軸とX軸に記載する各単位の刻みを少なくして、折れ線グラフ自体も簡略化することで「右肩上がり」の趣旨がわかりやすくなっている

いずれも縦位置で作成したものは投影しても縦位置です。両サイドはデスクトップ画面が見えてしまいますので、プレゼンに不要なファイルはデスクトップ上に表示しないようにしてください。

グラフはそれをデフォルメ（特徴を誇張すること）した図に描きかえます。A市の65歳以上の高齢者が３１５人、65歳未満が２０５人というようなケースでは、約３対２の割合です。大体の割合が伝わればいいのですから、スライドには人間の形をした絵を高齢者は３つ、未満は２つ並べてみるという方法があります。**折れ線グラフも増加、減少、横ばいの傾向があるものなら、ざっと右肩上がり、右肩下がり、水平な線とデフォルメできます。**手元で見る資料と違って、暗い部屋で見せるにはコントラスト（対比）がわかりやすいよう色づかいも考慮してください。

Q71

投影

スクリーンにスライドを投影するときの注意点は？

パソコンのデータをスライドとして使用する場合の確認事項を教えてください。

A ノートパソコンのデスクトップ画面を整理します

手元のパソコンで見るとそうでもないのに、大きく映してみたらふちどりの線がガタガタだった、文字が欠けていたというようなことがあります。時間があれば、現場で全画面を投影して確認します。スクリーンに投影するほど大きな会場では角度によってまったく見えないこともあります。室内照明も消したほうがよいか、つけたままがよいか、**動作確認は十分行ってください**。

ところで、プレゼンを始める前や終わったあとなど、デスクトップ上が見えていることがあります。自分が普段使っているノートパソコンを持ち込んだような場合、相手に見せてはいけないものがズラリと並んでいることがあります。

まずは、今プレゼンをしている相手の名前がついたファイル。「ナナ産業」のような呼び捨て、本来は「コンプライアンス・ソリューション」という社名なのに、「コンソリ」と勝手に短縮した名前がついていたら相手の方々はどんな気持ちがするでしょうか。「合コンメンバー」のようにいかにも私用と思われるファイルもＮＧです。それを避けるために、作成途中は相手先の名称をつけていても、持参する前に必ず自社や自分の名前、実施日などにつけかえるようにします。

次は画面いっぱいに秩序なく並んだファイルです。整理のできない人だと思われ、ビジネスマンとして失格です。プレゼンのときだけでも１つフォルダを作って、すべてそこに格納します。最低限のフォルダやショートカットキーも整列させておきます。

壁紙とスクリーンセーバーも問題です。アイドル写真やアニメのキャラクターを壁紙に設定している人は、標準のシンプルなものに戻しておいてください。スクリーンセーバーも備忘のメッセージを流すことができるものがありますが、そこに相手に見られては困る文字が流れていては最悪です。こちらも解除しておきましょう。

スライドショーの途中で画面を暗転するのは「Ｂ」キー、白くするのは「Ｗ」キー、それぞれ元の画面に戻すときと、スライドショーを終了するには「ＥＳＣ」キーを押します。都合の悪い画面はこれらを利用して、画面を切り替えましょう。

Q72 プロジェクター

プロジェクターの設定や画面切り替えの注意点は？

スライド投影時やプレゼンター以外がパソコン操作をする場合は何に注意すればよいですか？

A 画面の切り替え手順を決め、美しく映るようにします

プレゼンターと画面を切り替える人が別の人の場合は、段取り勝負です。ちょうどよいタイミングで画面を切り替え、文字やビジュアルを登場させるためには、Q56にあるように進行表や台本がなくては不可能です。それはプレゼンターが準備します。パワーポイントにはノートといって、スライドとリンクしてメモを書く欄がありますのでそれを利用してもいいでしょう。「このページの3番目の予算の件が終わったら次のページを出す」というふうに決めていきます。

パソコン操作を頼まれた担当者は、台本もスライドも内容をすべて把握していないといけません。担当者が次の操作にいかない場合はプレゼンターが「次をお願いします」と声をかけることも必要です。

次にプロジェクターです。プロジェクターが先方の持ち物、もしくはレンタルなどの場合、自らのパソコンとつなぐケーブルが合うかどうかを確認します。機器が２つあるということは電源が２つ必要ですから、コンセントとその場所までの延長コードもあらかじめ確認しておかなければなりません。

セッティングにあたっては、障害物がスライドをさえぎらないよう、プロジェクターとスクリーンの間には物を置かないようにします。人も通行できないようにしてください。画面がスクリーンからはみ出ていないか、ピントは合っているかなどをチェックしましょう。聞き手の席に回ってみて、見えにくい場所がないかも確認します。見えにくいようならスクリーンの位置を変えるか、席を移動させるなどして調整します。スライドを見せるだけなら室内は真っ暗にしたほうがいいのですが、それではメモが取れません。室内のどこの照明をどれだけ消せばいいかは**リハーサルの段階で決めておきましょう。**

なお、プレゼンターは聞き手の右側でスクリーンを指し示したほうがやりやすいので、本人が手元でパソコン操作する場合は、前方に向かってスクリーンの右側にパソコンを設置します。

Q7-3

プレゼンの種類

パソコン以外のプレゼン方法は？

パソコン以外のプレゼンは、どんな場面で行いますか？

A 屋外など電気機器が使えない場所で活躍します

オフィスや学校、家庭でのパソコン使用が一般的になったのは１９９０年代半ば以降です。それ以前のプレゼンはパソコンを一切使っていませんでした。まずは企画書による説明です。パソコン以前はワープロ、その前は、なんと手書きでした。そのため企画書を書くプランナーは活字のような書体を手書きするレタリングが上手でした。学校で学級新聞などを作るときに使う大型の模造紙も利用できます。ある場所にパソコンやプロジェクターを持ち込み、スクリーンを立て、撤収して帰るのは難しいので、現在のビジネス現場でも短時間であればあるほど、これら紙のツールが活躍します。会議室や屋外学習などの現場でも、企画書は紙で配布し、図解などを描いた模造紙を壁に張り出します。

次にプレゼンボードです。広告系のプレゼンではよく使われますが、スチレン製のボードにイラストなどを貼ったものです。パソコン以前の時代はデザイナーの手描きイラストを貼り込んでいました。スチレンボードは専門店や通信販売などで入手する必要がありますが、あり合わせの厚紙やスケッチブックなどでもかまいません。片手で持っても紙が張っていることが重要です。こちらは建築や工場の現場説明会など、パソコンが使えない場所で必要なときに見せて説明ができます。

プレゼンとは違いますが、学校の社会科で使う天井からつるす地図、黒板に張り出す年表、理科の人体の標本などもアナログなツールです。これらのツールは内容に変更がない限り、A社、B学校、C自治体と繰り返し使うことができます。

身近すぎてプレゼン・ツールだとは気づかないものにホワイトボードや黒板があります。これはほとんどの職場や会議室にあるはずです。ここにいろんな文字や図解を書いていきますが、すべてその場で書いていたのでは時間が足りなくなりますので、画用紙に描いた図や大型カードに書いた文字を持ち込みます。これをボードにマグネットやテープで貼って、図と図を線で結んだり、文字を書き加えたりすることによって時間が短縮できます。

Q74

視線の誘導

聞き手の視線をスライドの一部分に誘導するには？

レーザーポインターなど以外で、スライドの任意の場所に視線を集めるにはどうすれば？

A 手振りや指示棒、ペン機能で指し示します

レーザーポインターとはスクリーンに赤いレーザー光線をあてて、示したい箇所を強調するものです。離れたところを指すのに便利なツールです。

これが準備されていない場合、大きな会場でなければ、自分自身の手で必要な場所を指し示します。手のひらを上に向けた「どうぞ」の形でもいいですし、人差し指を立てて、工事現場の指差し確認の形で指してもいいでしょう。

スクリーンが大きいと指す際に自分の体で投影をさえぎることもあります。その際は指示棒を使います。研修専用施設なら長いものが備えつけてあることもありますが、延長式のペンタイプなら１００円ショップでも売っていますので購入して携行すると便利です。テレビ番組では番組のロゴやキャラクターを棒の先にあしらってオリジナル指示棒を作っている場合があります。私が指導した方の中には、それをまねて、自分のキャラクターをつけた指示棒を自作し、大きなプレゼンで成功された方もいらっしゃいます。このように人とは違う指示棒で注目を集めるのも効果的ですので、ぜひ挑戦してみてください。

プレゼンを成功させるためには、ゆっくりと話すことがポイントの一つですが、スライドを指すときにピョンピョンピョンと申し訳程度に示したのでは、そこで話すスピードまでが速まってしまいます。**一つずつ、丁寧に示す**ようにしましょう。

パワーポイントにあるペン機能もご紹介しておきましょう。スライドショーモードで右クリックすると「ポインタオプション」というメニューがあります。そこで「ペン」を選ぶと、ポインタの先がペンに変わります。本に線を引くように、重要な箇所に線を引いたり、○で囲ったりできます。色は変更できますし、その状態で保存しなければスライドは元のきれいなままに戻ります。手元のパソコンを見ながら操作できるので、スクリーンのほうに移動する必要はありません。ただし、慣れないとうまく線が引けないので、使う場合はリハーサル段階で、ペンのためのマウス操作も十分に練習してください。

Q75

設営・準備

プレゼンの設営・準備のポイントは？

たとえば大規模なプレゼンの場合は、何から準備を始めるべきでしょうか？

A 会場確保から始めて関係者全員に連絡を入れます

まずは会場の確保から始めます。そのために人数の確認が必須です。参加者5人なら応接室でもいいでしょうが、100人となるとホールを押さえる必要があります。当日の行事なども確認します。隣の建物で大規模工事、同じフロアでコンサートなどがあったのでは騒音でプレゼンが成立しません。自社施設で見つからない場合は、社外の貸し会議室やホールをあたることになります。大規模になると、控え室、受付台の準備も必要ですし、トイレや喫煙所などの案内札も掲示することになります。天候によっては傘立て、コートハンガーなどの手配も必要です。

会場が決まったら、**内部の施設をチェック**します。広さ、テーブルとイスの数、演台・ステージの有無、窓・扉の位置、電源の位置、空調・照明の位置などを確認のうえ、レイアウトを考えていきます。

次に機材や備品類の確認です。ホワイトボード、パソコン、パソコン台、ケーブル、プロジェクター、スクリーン、モニター、ビデオデッキ、音響設備、マイク、マイクスタンドなどが使用可能かを確認し、プレゼンター全員に連絡します。

位置が決まるのは一番大きなスクリーンからです。これは中央です。プレゼンターはどちらに立つか、つまり演台はどちらに置くかというと、向かって右側です。こうすると、プレゼンターが多くの人の利き手である右手でスクリーンを指すことができます。司会者用にもう一つ演台が使えるなら、反対の左側に置きます。

そのほかの小物として、ホワイトボード用のマーカー（インクの出るものを3色）、ボード消し、マグネット、レーザーポインター、指示棒などが必要になってきます。プレゼンターが有名人や要職にある方の場合は水差しとコップかペットボトルの水、おしぼりなども準備します。

主催者側となると、審査員のための審査表、筆記具、バインダー、受付のための名簿、ストップウオッチ、電卓、テープ、ホチキスほか設営のための文具一式を準備します。聞き手にあたる参加者には日時と場所を全員に連絡します。

Q76

データの持参

プレゼンデータを会場に持参するときの注意点は?

プレゼンデータをＵＳＢメモリで持参し、会場のパソコンで使用してもいいでしょうか?

A メモリはウイルスチェック、データはＰＤＦ保存します

プレゼンデータをＵＳＢメモリなどで持参する場合、会場のパソコンやソフトのバージョンの関係で文字化けするようなこともあります。念のため、スタイルが崩れないＰＤＦ形式で保存したものも持ち込むほうが安全です。外部からのウイルス侵入を防ぐため、外部のＵＳＢメモリはウイルスチェックを行っている企業もあります。できれば、自社でチェックしたものを使うようにします。

主催者側があらかじめ内容を確認しておきたいという理由から、事前にメール送信を依頼されることもあります。データを出す側の企業も、ＵＳＢを持ち歩いていて紛失し、そこから機密情報や個人情報が漏洩するのを恐れて、外部へのＵＳＢメモリでの持ち出しは禁止、すべての送受信が管理できるメールを使うように徹底している企業もありますので、自社はどういう運用ルールになっているか確認してください。

これは私の体験談ですが、あるとき、午前のプレゼンのためにギリギリまでデータを修正していました。ＵＳＢメモリに保管はしたのですが、なんとそのメモリを自宅に忘れて外出してしまい、現場で忘れたことに気づきました。途中段階のデータを、フリーメールのアドレスから自宅のアドレスに送信していたことを思い出し、会場の方にお願いしてパソコンを借り、フリーメールを提供しているサイトにアクセスして送信していたデータを取り出しました。その場で修正を加えてプレゼンには間に合い、事なきを得たということがあります。このときの教訓は、大切なデータは保険の意味で**インターネット上のフォルダやメールに保管しておく**ということです。今は主要駅の近くにはほとんどインターネットカフェがありますから、保管さえしてあれば最悪の事態は免れます。

重要情報が入ったメモリを紛失したら、解雇にも至る重大な問題です。私はメモリをなくさないよう首から下げ、万一どこかに落としても警察や自分に届けられるように、氏名と携帯電話の番号を書いています。皆さんも、二重、三重に安全対策をとってください。

Q77

相手への配慮

プレゼンする際のマナーについての注意点は？

相手を不快にさせず、快くプレゼンを終了するためのルールやポイントを教えてください。

A 相手の好きなものを提案するために嗜好を調査します

プレゼンは営業や接客と同じで、相手の方に「得をした」「よかった」と思っていただくことが重要ですが、それ以前に**不快な思いをさせないことが必須条件**です。決められた時間に行き、時間内に終わらせるのは基本中の基本です。

当然ながら進行は敬語ですが、必要最小限の敬語で結構です。特に注意しなければならないのが、社名や氏名、ブランド名など固有名の間違いです。大文字小文字の使い分け、ハイフンやピリオドの入る場所などに留意します。ましてやライバル社との取り違えなどがあったら、いくら内容がよくても門前払いになってしまうでしょう。内容的にも差別表現や流行語などのくだけた言い回しをしないよう留意します。服装は次のQ78で詳しく説明します。

ある会社の問題点を解決するための手法をプレゼンするとしても、「おたくのここが悪い、あそこもダメ」と並べ立てられたら、気分を害する人がほとんどです。聞き手や関係者を誹謗中傷するような発言や行動は慎みましょう。相手によって異なりますが、NGワードというものがあります。たとえば、ライバル会社S社の名前を出すと、途端に役員の機嫌が悪くなるとか、ある担当者に学歴の話は禁物だとか。そういった相手を不快にさせる言葉や話題は使わないようにします。

相手の嗜好に寄り添うこととして、相手が好きなものでプレゼンを固めるという手法があります。ある旅行会社の営業幹部の方は、日本航空に行くときは赤のネクタイ、全日空に行くときは青と、取引先に応じたカラーのネクタイを会社のロッカーに入れてあると話されていました。私もオレンジが自分のテーマカラーなので、資料のアンダーラインにオレンジ色が使ってあるだけで機嫌がよくなります。

そうした気遣いが気に入られプレゼンが成功するケースを私はたくさん見てきました。そのためには相手の方の嗜好を知る調査が必要です。今はどこの企業や団体でもホームページをもっていますから、コーポレートカラーくらいは簡単に知ることができます。

Q78

服装

プレゼンにふさわしい服装はどんなものですか？

アクセサリーや腕時計など、普段身につけているものはそのままでOKですか？

A ダークスーツに白シャツ、バッグはビジネスタイプで

せっかくいただいた時間で、手間ひまかけたプレゼンをさせてもらうのですから、それが台なしにならないよう、服装には十分な注意が必要です。プレゼンとは人間が行なって人間が決めるものですから、提案の内容より本人の見た目で判断されてしまうことも多いのです。減点のないよう服装だけでも完璧にしておきましょう。

どんな業界であれ、基本は男女ともダーク・カラーのスーツです。中に着るシャツは白。女性はファッショナブルな政治家のまねをして鮮やかな色のスーツを着ないようにしてください。銀行や官庁などの堅いオフィスでのプレゼンに、ヒゲ、サングラス、ピアスの男性、女性ならつけ爪や胸の開いた洋服などで出かけたのでは、本題を聞いてもらう前に嫌悪感を持たれてしまいます。

就職活動があるので、社会人ならだれでもスーツは持っているでしょうが、ただ着ていればいいというものではありません。折り目が消え、しわくちゃになっていてはスーツの意味がありません。靴も黒や茶のものにしますが、忘れがちなのが靴下です。足首が見える短い靴下や白、カラーソックスが見えていたのではスーツ姿も台なしです。黒か紺で足首が隠れるものを準備します。

また、日ごろつけているからといって、手首、足首にミサンガや数珠がついていませんか。結婚指輪は問題ありませんが、ファッションリング、ピアス、ネックレスなどのアクセサリーはプレゼンのときだけでも外していきましょう。

スーツに不似合いなものにスポーツタイプの腕時計があります。メガネもいくつか持っているなら、最もファッション性の低い、真面目に見えるものを選びます。本番の数日前には散髪に行き、爪も切って臨むようにしましょう。

プレゼンの中でも昇進試験や大学の推薦入試に関わるプレゼンとなると、さらに細かいチェックが入ります。これらのことは私が指導してきた受講生の方に、本番前のリハーサルでチェックして伝えてきた実例です。自分なりの判断ではなく、**上司や先輩などにチェックしてもらう**ようにしてください。

Q79 マナー違反

プレゼンの際についやってしまう失敗は？

自分では気づきにくい失敗やマナー違反などを直す方法を教えてください。

A クセや立ち居振る舞い、言葉遣いを直します

服装はきちんとしていても、プレゼンターがだらしなく不快に見えることがあります。それは次のような理由によるものです。

・クセ

髪のかきあげ、髪いじり：髪が長いからやってしまうので、髪を切るか、ピンで留めるなどすれば防止できます。

文具・備品振り回し：振り回す可能性のある小物は手に持たないようにします。説明で何かを指す場合は素手か指示棒です。途中メモを取るための筆記具は演台の上に置いておきます。

貧乏ゆすり、猫背：Q44で紹介したアンカリングの手法を使い、自分で思い出すようにします。特定のもの（腕時計、携帯電話に貼ったシールなど）と貧乏ゆすりを確認することを関連づけて、それが目に入ったら確認して直すようにします。

- **立ち方**

片方に体重をかける：休めのポーズですから、両足均等に体重をかけて立ちます。

腕の置き位置：後ろでも前でも組みません、体側に置きます。

- **言葉遣い**

「～っすよ」、「ハンパない」、「マジで」など（若者言葉や流行語）、「やらさせていただきます」（サ入れ言葉）、「見れます」（ラ抜き言葉）、「よろしかったでしょうか」（接客用語の誤用）などの言葉の間違い：気づかず使っていることがほとんどなので、口癖がないか、周囲の上司、先輩、同僚などにヒアリングして、プレゼンの現場では使わないようにします。

- **携帯電話**

音が鳴らないよう、電源を切っておきます。

すべて日ごろの生活では気に留めていないことだと思いますので、リハーサルの様子をビデオに撮って自分の目で確認してみることをお勧めします。

Q80

練習方法

人前での発表が苦手で、相手に話しかけられません。

聞き手に話しかけてコミュニケーションを取るべきとわかっていても、本番だとできません。

A 話しかけるタイミングや内容を決めておきます

あなたがプレゼンターに決まったなら、とにかく話さなければいけません。人前で話すのが苦手といっても、仲のよい友だちとおしゃべりするときは大丈夫でしょう。問題は人数が多い、知らない相手に向かって話をするときにあるはずです。

武道館を満員にするようなアーティストも、最初から1万人を前に歌っていたわけではありません。最初は街角で歌っていて、次に知人を招いたライブ、何十人かが入るホールと進んでいって、徐々に大人数に慣れていったから武道館でも歌えるようになったわけです。このプロセスを皆さんも追ってみましょう。まずは、ぬいぐるみを相手に練習。その次は仲のよい友達や同僚一人にお願いして個室でやってみる。次の段階は会議室に同僚を集めて、と徐々に人数を増やし、場所もグレードアップさせていくのです。

仕事関係の方の前で失敗するのが怖かったら、ミクシィなどのインターネット上のサークルのオフ会に参加して初対面の人の前で自己紹介をすることから始めてはいかがでしょうか。

話しかけることができないという自覚があるなら、どこでどのように話しかけるか**あらかじめ台本に盛りこんでおく**のも一つの方法です。「いつ」「だれに」「どんな内容を」話しかけるかを考えて、進行の一部として組み込んでしまいます。すると、話しかけに○秒、相手からの返事が○秒くらい、それにもう一度答えて○秒という所要時間も予定できます。これを本番内の思いつきでやってしまうと、肝心の本編が最後まで伝えられないという事態にも発展してしまいます。

面識のある方がいれば「この件、小野部長は経緯をよくご存じだとは思いますが」と名前で呼びかけることができますが、初対面の方でも、「前列中央に座っている人」「上着を脱いでいる人」などのように話しかける人を決めておきます。「暑い日が続きますが、こちらの会社のエアコンは何度に設定されていますか」と話す内容も決めておけば不安になることはありません。

第3章
「アフターフォロー」編

プレゼンが一発でうまくいくとは限りません。しかし、プレゼンに失敗しても逆転可能なアフターフォローがあります。

　失敗に気づいたら、「次から直そう」「この失敗は次の機会に生かそう」ではなく、“今”直します。取り返しのつかないこともありますが、まずは今すぐ立て直すよう最大の力を出します。そうすることで、今回のために準備してきたいろいろなものが無駄になることはありません。

　問題にすべきは、失敗や間違いに気づかないことです。自分で気づかなければ、直しようもありません。

Q81

理解度の確認

プレゼンの理解度を確かめる方法は？

聞き手の皆さんがプレゼン内容を理解してくれたかどうかを確かめる方法はありますか？

A 途中で理解できているかどうか質問を投げかけます

ほおづえをついている、ノートや書類をパラパラめくっている、携帯電話の画面ばかり見ている。聞き手がこういう状態だと、〝聞いていない〟〝興味をもっていない〟とわかります。けれども対面プレゼンの場合、聞き手は目の前にいるのですから理解しているかどうかはその場で確認してみればいいのです。

区切りのよいところで「ここまではご理解いただけましたか」と尋ねてみます。面識のある方へのプレゼンやセミナーなどでは全員に向けて簡単な質問を投げかけてみます。「この食品を摂取すると、私たちの体はどうなるんだったでしょうか？　1．脂肪が燃焼しやすくなる　2．脂肪を蓄えやすくなる　3．脂肪が体外に溶け出していく。さあ、どれでしょう」というようなクイズ形式にして、挙手で答えを求めます。これで大体の理解度は測れます。

理解度を正確に知る必要がある場合は、学校でやっているようなミニテストを実施します。アンケートを実施するなら、プレゼン内容に関する問題（質問）を出して、「○・×」「A・B・C」と簡単に回答できるようにしておきます。ただし、プレゼンにつき合わされたうえ、試されるというのは気分のいいものではありません。**ゲーム感覚で楽しめる程度のものに抑えておきましょう。**

それが実技を伴うものであれば、どなたかに前に出てやってみてもらいます。歯の磨き方の手順をプレゼンしたなら、それをやっていただくのです。話をポカンと聞いていただけではおそらく指名されたご本人はできないですし、見ていた周囲の人もできないはずです。そこで、実はよくわかっていないことに気づいてもらって、再度手順をおさらいしてみることにします。

ただ、取引実績のない企業向けのプレゼンや競合プレゼンではこのような確認は難しいです。が、方法がないわけではありません。その場では無理でも、あとで出すお礼メールなどで「どこか説明が不十分な点などなかったでしょうか。不明な点は再度説明にうかがいます」と触れてみることでも様子を探ることができます。

Q82

感想の回収

プレゼンの現場で参加者の感想を聞くには？

対面プレゼンで参加者の声を効率よく聞きだすためのコツを教えてください。

A オープン質問やアンケートを利用します

社内のプレゼンであれば、アンケート用紙を配布して後日回収というような方法もありますが、それでは参加者が内容を忘れてしまうので、**参加者の感想は基本的にその場で集めます。**

まずは、プレゼンターから率直に皆さんの感想を聞き出します。Q59で紹介したように、プレゼンの最後には質疑応答の時間を設けるのは通例ですので、その時間を利用して尋ねてみます。話しかける、質問するというのはコミュニケーションの一種ですからプレゼンターから行ってもいいのです。

「はい」「いいえ」と二者択一の答え方になるものを「クローズ質問」と言いますが、「おもしろかったですか」「難しかったですか」という聞き方では「はい」「いいえ」のいずれかを答えて終わりです。そこで相手が自由に答えられる「オープン質問」形式で尋ねます。「今日のプレゼンではどのあたりに興味をもっていただけましたか」「難しいと思われたのはどの点でしょうか」という尋ね方です。

少人数ならこのように聞き取りをすればいいですが、大人数の場合は難しいので、当日アンケートを配布して記入してもらい、退出時に回収します。「～は、大変よい・よい・普通・悪い・非常に悪い」に○をつけるような設問も必要ですが、それだけでは具体的な感想は得られないので、「紹介した商品についてのご意見を自由にお書きください」などと自由に書いてもらえる尋ね方をします。無記名ならよい意見も悪い意見も書きやすいので、無記名制にするのも一つの方法です。

一般に〝クレームをつけるお客さまはありがたい〟と言われます。普通の消費者は、商品の味が悪いとか店員の態度が悪かったという理由は告げずに、その商品やサービスを利用しなくなるものだからです。プレゼンでも感想を求めると「難しすぎて理解できなかった」「つまらなかった」という辛口の声しか出てこないこともあります。プレゼンターにとってつらいことではありますが、レベルアップを目指すには避けては通れない道です。

Q83

失敗・ミス

プレゼンや配布資料でミスをしてしまったら？

プレゼンで名前を間違えたり、資料に誤記があったりしたときの挽回方法を教えてください。

A 訂正して心からお詫びし、正しい資料に差し替えます

だれにでも間違いはあります。相手の方の表情は厳しかったかもしれませんが、故意にやった間違いかうっかりの間違いかはわかっていらっしゃるはずです。その場で気づいたならその場で訂正します。事後に気づいた場合はできれば当日、無理なら翌日、電話やメールをして心からお詫びしましょう。

失礼なヤツだと思われることは免れませんが、大勢の中で記憶されることは間違いないでしょう。せっかく記憶されたのですから、その**ピンチをチャンスに変える**という逆転の発想で誠意を尽くしてお詫びに回れば、記憶もされないような人よりは親密な関係を築き上げる可能性があります。後日「彼は最初、私の名前を伊藤さんと間違えてね、失礼なヤツなんだよ」などと笑い話になる日も来るかもしれません。

プレゼンの途中で気づいたならその旨を説明しましょう。わかりやすい解説で有名なジャーナリストの池上彰さんも、テレビ番組で自分が手にしたパターン（説明ボード）の中に誤字を見つけたときは生放送中にもかかわらず「この字は間違ってますね。正しくはこういう字です」と訂正されていたのを見たことがあります。テレビでは一方的に伝えるしかありませんが、プレゼンならばその場で正しい字を伝えて皆さんの手元の資料を訂正してもらうことも可能です。

その場はそれでしのいで、あとで正しい資料への差し替えをお願いします。いったん帰社してパソコンで修正・印刷し、再度訪問する時間はかかりますが、できればその日中に、遅くとも翌日には届けるようにします。時間を短縮するために、プレゼン終了後に会社に電話して同僚などに修正作業を依頼しておくという方法もあります。どこかのページの1文字が間違っているだけだとしても、**資料全体を差し替えます**。その際、表紙に「最新版」「改訂版」など、修正が終わったあとのものであることがわかるように記載します。

このとき、宅配便やバイク便などではなく、担当者が出向いて届けます。可能ならば、混乱を防ぐために間違った資料のほうを引き揚げてきましょう。

Q84

難解な用語

わからない専門用語で質問されたら？

聞き手の質問のなかで、高度な専門用語があり回答できなくなってしまいました……。

A 知ったかぶりをせず、用語を説明してもらいましょう

まずはその専門用語をオウム返しにして確認します。たとえば、知らない単語が「原子力安全・保安院」だとしたら、「げんしりょくあんぜんほあんいん」と耳から聞こえた音をそのまま口に出してその単語を特定します。日本人がロシア人の名前を聞かされてもどういう綴りか特定できないと思います。ボキャブラリーにない単語はいくら聞いても聞き取れないものなのです。「えんか」と聞いて「嚥下」という単語が思いつかず「演歌」を思い浮かべたなら、とんちんかんな回答になってしまいます。最初に単語の音や漢字、スペルを確認しなければなりません。

このように知らない言葉が登場した場合、知ったかぶりをして先に進むのが一番いけません。正直に「申し訳ありませんが、私はその言葉を存じ上げません。それはどういうものなのでしょうか。簡単にご説明いただけますか」と逆に質問してみましょう。相手はこんなことも知らないのか……、と思うかもしれませんが、知らない、わからないということを明らかにしておきます。複数でプレゼンに出向いている場合、そのほかのメンバーがわかるようであれば代わって回答してもらいますが、回答できる人がいない、自分一人の場合などは、わからない用語と質問全体をメモに控えておき、「（会社に戻って）調べて、のちほど回答します」とお伝えします。

今回のプレゼンは失敗に終わるかもしれませんが、自分が知らなかったことに気づき、**次のプレゼンで弱い点を強化できるチャンス**だととらえればありがたいきっかけになります。

Q85

印象アップ

プレゼン後の印象をよくするコツは?

あまり芳しくない印象で終了したプレゼンを、好印象に変える方法はありますか?

A 間をおかずに先方へプレゼンの礼状を出します

〝芳しくない印象〟には2種類あるでしょう。自分が芳しくないと思っただけなのか、明らかに先方から悪い点を指摘されるなどして芳しくなかったのか。自分がそう思っただけなら、わざわざ謝ったり、言い訳めいたことを言ったりする必要はありません。

問題は先方や同席した同僚などから悪い点を指摘されたような場合ですね。態度が悪かった、敬語の使い方が間違っていた、社名や氏名を間違ってしまったなどのケースです。こちらは率直に詫びましょう。

ここで、電話でもメールでもなく、お詫びの手紙やはがきを書いてみることをお勧めします。いまどき取引先の方に手紙を書く人はなかなかいません。だからこそ、相手の心に響くのです。はがきも切手も準備しておいて、その会社の近所の喫茶店などで書いて、郵便ポストではなく、その**会社の郵便受けに入れて**帰れば、郵便よりも1日以上は早く着きます。郵便はもともと切手が必要ですが、そこに消印がないことに相手が気づかれたら〝わざわざ郵便受けに持ってきたのか〟ということになるのです。それはちょっとしたサプライズになります。

◉すぐに礼状を出せば好印象に

拝啓　貴社ますますご清祥のこととお慶び申し上げます。
　この度は来年度の空調設備リニューアルに関し提案の機会をたまわり、ありがとうございました。
　さて、弊社からシステム設計図をご説明差し上げた際、図中の貴社名を誤っておりました。誠に申し訳ございません。心よりお詫び申し上げます。ただいま、設計担当者が正しい図面をお届けにうかがう手配をとっております。
　以後このようなミスがないよう社員一同、細心の注意を払ってまいりますので、ご容赦くださいませ。今後とも変わらぬお引き立てのほど、よろしくお願いいたします。
　略儀ながら取り急ぎお詫び申し上げます。
敬具
平成23年11月7日
株式会社 ○○空調設計　販売部
波川 宏

　そのためには、礼状でも詫び状でもすぐに書けるように、いつでもはがき、封筒、一筆箋、切手、ペンなどを持ち歩かなければなりません。社外の方に出す手紙文がどのようなものか定型を知っておく必要もあります。

Q86

代案の提出

プレゼン終了後に代案を出してもOKですか？

プレゼンが終わったあとに、「実はこんな代案もあります」と先方へ提出したいのですが。

A プレゼンが通過してから別の案を出すならOKです

大事なプレゼンの終了後に代案を出すのは、いわばじゃんけんのあと出しのようなものでお勧めできません。代案があるなら最初から2案とも出せばいいのではないでしょうか。締め切りが設けられているわけですから、そこまでに出したアイデアや企画内容で評価されるべきです。しかもメールで提出しようと思っているなら、それはやめてください。コンペで締め切りや提出点数などを決めるのは、**条件を同じにして公平に選ぶ**という目的があります。締め切りも点数も守らないのでは、その時点で失格とみなされることさえあります。対面プレゼンなら最後に代案も説明することができたはずです。どうしてもというなら持参することもできます。メールで送ってしまおうという安直な考えが担当者の気持ちを逆なでしてしまう可能性があります。

時々見かけるのが、提案者が自分の好きな、出したい案しか出さないというケースです。たとえばデザイナーが、自分はモノトーンカラーが好きだからという理由でモノトーンのデザインしかやらないという場合。プレゼン先のコーポレートカラーがパステルカラーだとしたら、これは選ばれるはずがありません。ライバルにせっかくのチャンスを持っていかれるでしょう。

Q77で紹介したように、事前に対象者の属性や嗜好を調べますから、そこで相手が選びそうな、決めそうな内容でプレゼンします。それで採択されたあとなら、代案として出したい案も紹介するという方法はあります。

こだわりのある案を出すほうが一見プロ根性があるように思われるかもしれませんが、真のプロとは、まずはプレゼンで結果を出す。そのあとで、自分がやりたいように誘導していくものなのです。

Q87

結果確認

プレゼンの合否を早く知りたいのですが。

プレゼン終了後、提案が採用されるかどうかをこちらから聞いてもいいのでしょうか。

A

確認するのは当然ですし、促しても結構です

プレゼント応募のように「当選者の発表は賞品の発送をもって代えさせていただきます」という結果発表では、いったいだれに決まったのか、本当に当選者はいたのか、と勘ぐってしまいます。もちろん主催者側がきちんとしていれば、「合否はいつまでに、どのような形で発表します」と最初から決めてあるものです。それが明示してない場合は、Q63でも触れたようにプレゼンの最後で「いつまでに結果を教えていただけますか」と自分のほうから、期限を督促しても結構です。検討して〝そのうち〟結果を出せばいいか、と考えていた先方も、〝○日以内に〟決めないといけないと考えるようになります。

そこで、ただ「結果の連絡はいつもらえるのか」と迫るよりは、「そのために人員確保をしなければいけないので」とか「資材の調達に○週間かかるため」と、なぜ早く結果を教えてもらいたいかの**具体的理由を示す**ほうが効果的です。その場合、「今月の営業ノルマが足りないから」などといった理由では半分私的な理由になってしまいますから、こういう自分勝手な理由は出さないほうがいいでしょう。

次に、先方からの連絡が来ないまま、その締め切り日時が来てしまった場合です。この場合は、締め切りを過ぎても連絡してこない先方のほうが悪いので、確認の電話をしたり、メールを送ったりしても失礼にはあたりません。これらの督促のアクションを起こさず、ただ先方からの連絡を待っていると「そもそも結果の出る日時を気にしていないのだな」と思われてしまい、損な結果につながりかねません。

とはいえ、実際には決められた日時までにプレゼンの回答が出ることがほとんどなので、それを待っていればよいはずです。

Q88

今後の改善

次のプレゼンをよりよいものにするには？

終了したプレゼンを次のプレゼンに生かすための行動を教えてください。

A 終了後すぐに反省点を書き出して次に生かします

まず、左の**自己診断シート**に基づいて自分の反省をしましょう。上司・先輩などの意見が得られるような場合は、次ページの**講評シート**を使って講評をもらいます。競合他社と同じクライアント先でプレゼンした場合などは、競合のよい点を見つけたらそれを見習って次のプレゼンにはそれを盛り込みます。たとえば、自社では見たことがないプレゼン・ツールを使っていた、内容がわかりやすいグラフを使っていた、プレゼンターの態度もスピーチも堂々としていた、などという場合は、次は自分がそれをまねしてみます。

「あの資料では伝わりにくいな」「あのような態度では自分だったらお断りしたい」

◉自己診断シートですぐに反省

◎ 非常によかった　○ よかった　△ ふつう　× 改善が必要　↓

	内容	チェック
1	対象者のニーズに合った構成であったか	
2	決められた時間内に終わったか	
3	対象者のレベルに合った内容だったか	
4	導入部分に反応はあったか	
5	使用したツールは活用できたか	
6	関係者とのコミュニケーションはうまくいったか	
7	会場・機材等の不備はなかったか	
8	対象者（聞き手）の反応はよかったか	
9	スライドや配布資料にミスはなかったか	
10	身だしなみに不備はなかったか	
11	答えに困った質問はなかったか	
12	持ち帰り課題はなかったか	
13	クレームや反論が出なかったか	
14	うれしかった、よかったことはあったか	
15	今後、改善すべきことはないか	

その他の気づき、反省

などの悪い点も気づけたなら、自分はそれをしなければいいのです。

さて、気になる結果がいよいよわかったとき、合格だったなら……おめでとうございます！　不合格だったときは……ここでなんとか、先方からその理由を聞き出しましょう。アイデアが平凡だったからなのか、スピーチがヘタだったからなのか、はたまた資料にミスがあったのか。それを知らないと次のチャンスにステップアップできません。

さらに、**使った資料をプレゼンが終了するたびに保管**していきましょう。紙の資料でも1年程度は保管しておけるでしょうし、かさばるようならサーバー上の共有フォルダなどにデータで保管しておきます。今後、過去のデータをもとに次の資料を作成できますし、同僚も活用することができます。

◉講評シートで客観的な評価をもらう

プレゼンター（発表者）　　　　　　　　　　　　さん

テーマ　：

◎ 非常によかった　○ よかった　△ ふつう　× 改善が必要　↓

			コメント	評価
導入	1	プレゼンテーションの目的は具体的に明示されていたか		
	2	最初に全体像や流れを伝えたか		
	3	聞き手の関心や興味を引き出していたか		
本論	4	構成や流れに矛盾はなかったか		
	5	情報量は適切だったか		
	6	時間配分は適切だったか		
	7	効果的なビジュアルツールは使用されていたか		
	8	データ、具体例などは適切だったか		
	9	わかりやすい説明だったか		
	10	聞き取りやすい声だったか（声の大小、高低）		
	11	途中で聞き手の理解を確かめていたか		
	12	双方向のコミュニケーションは取れていたか		
	13	身振りやアイコンタクトはできていたか		
	14	重要ポイントが強調されていたか		
結論	15	全体の要約と再度強調はできていたか		
	16	対象者への利益が明確に伝えられていたか		
	17	期待と感謝を伝える結論になっていたか		
	18	質疑応答の回答は適切なものだったか		
総合	19	身だしなみは適切だったか		
	20	プレゼンテーション全体に好感がもて、納得できたか		

その他の気づき、アドバイス

おわりに

本書を読まれて、皆さんがもっていたプレゼンに対する思い込みや不安などは解消されましたか？「私の聞きたいことは載っていなかった」「僕の知りたいのはこれのこういうことなのに」という方は、編集部経由で、ぜひお知らせください。

私が本書を書くにあたり、学生時代から現在までのことを振り返りましたが、プレゼンは時代とともに進化してきています。特にパソコンやインターネットの出現は私たちの「伝え方」を大きく変えました。10年前正しかったことが、今はそうではないということもあります。いずれ「続・プレゼンかけこみ寺」は必要になってくるはずなのです。

さて、この本の執筆中に東日本大震災が起きました。当初はこの時期にプレゼンの本を出すことは厳しいのではないかなどと考えましたが、そうではありませんでした。発生直後から節約啓蒙のポスター、ボランティアを希望する人が「私○○ができます」とアピールするゼッケン・プレゼンなどが登場しました。有事の時こそ、人々を動かすためのプレゼンは必要なのです。被災地復興のため「ここに住宅を建てたいの

おわりに

で予算をつけてほしい」と行政に訴えるプレゼンなどにこの本が役立てば幸いです。

本を出してしみじみよかったなあと思うのは「書いてあるとおりにやってみたら、こういう場面で成功しました」「本のとおりにやってみたら取引先にほめられました」といった声を聞くときです。手にして読むだけでなく、ぜひ書いてあることを一つでも実践してみてください。

本書の出版にあたり、企画してくださったアップルシード・エージェンシーの宮原陽介さん、Ｋｅｙｎｏｔｅなどの相談に乗ってくださった河合浩之さん、そして原稿が遅れ気味な私に手綱をかけて放さなかったナナ・コーポレート・コミュニケーションの八島心平さんはもとより、装丁やＤＴＰ、イラスト、書店への営業などでサポートしてくださった関係者すべての皆さまに感謝を申し上げます。ありがとうございました。

最後に、この本を手にとってくださった皆さんのすべてのプレゼンが成功するよう、心から応援しています。

天野　暢子（あまの・のぶこ）

イー・プレゼン代表。プレゼン・コンシェルジュ。

1962年広島市生まれ。広島修道大学卒。広告代理店媒体担当、業界紙記者、大手ゲームメーカー広報担当などを経て、2006年にプレゼンテーションを中心としたコンサルタント「プレゼン・コンシェルジュ」として独立。広告代理店、媒体、広告主サイドの立場からプレゼン現場のすべてを経験。プレゼン資料、入札資料、企画書、プレスリリース等のドキュメント作成を得意とする。ひと言も話さず決めたプレゼンテーション実績多数。商談やコンペなどを成功させる「勝つ!プレゼン・テクニック」のセミナーを展開している。

著書に『図解　話さず決める！プレゼン』（ダイヤモンド社）、『プレゼンはテレビに学べ！』（ディスカヴァー・トゥエンティワン）など。

イー・プレゼン　http://www.11epresen.com/

著者エージェント：アップルシード・エージェンシー
http://www.appleseed.co.jp

Nanaブックス
0103

プレゼンかけこみ寺

2011年6月26日　　初版第1刷発行

著　者――天野暢子
発行者――福西七重
発行所――株式会社ナナ・コーポレート・コミュニケーション
〒160-0022
東京都新宿区新宿1-26-6　新宿加藤ビルディング5F
TEL　03-5312-7473
FAX　03-5312-7476
URL　http://www.nana-cc.com
※Nanaブックスは（株）ナナ・コーポレート・コミュニケーションの出版ブランドです

印刷・製本――シナノ書籍印刷株式会社
用　紙――株式会社邦友

ISBN 978-4-904899-17-5 C0034